中央财经大学国际经济与贸易学院2020年度、2021年度教育教学改革专项资金

美欧贸易战

从香蕉到人工智能的漫长博弈

俞脱脱◎著

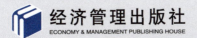

经济管理出版社

ECONOMY & MANAGEMENT PUBLISHING HOUSE

图书在版编目（CIP）数据

美欧贸易战：从香蕉到人工智能的漫长博弈 ／ 俞脱
脱著. -- 北京 ：经济管理出版社，2025. 5. -- ISBN
978-7-5243-0295-7

Ⅰ. F757. 128. 5

中国国家版本馆 CIP 数据核字第 2025MS8496 号

组稿编辑：谢　妙
责任编辑：谢　妙
责任印制：张莉琼
责任校对：陈　颖

出版发行：经济管理出版社
　　　　　（北京市海淀区北蜂窝 8 号中雅大厦 A 座 11 层　100038）
网　　　址：www. E-mp. com. cn
电　　　话：（010）51915602
印　　　刷：北京市海淀区唐家岭福利印刷厂
经　　　销：新华书店
开　　　本：720mm×1000mm/16
印　　　张：12. 25
字　　　数：207 千字
版　　　次：2025 年 5 月第 1 版　　2025 年 5 月第 1 次印刷
书　　　号：ISBN 978-7-5243-0295-7
定　　　价：88. 00 元

前　言

近年来，全球贸易摩擦频发，极大地激发了中国读者对历史上贸易争端案例的兴趣，众多探讨贸易摩擦的书籍因此跃居畅销书榜。然而，一个有趣的现象是，中国读者的目光似乎更集中于 20 世纪 70—80 年代的美日贸易战，对随后展开的美欧贸易冲突却缺乏关注。这一偏好背后的深层原因，无疑值得探究。

中国读者对美日贸易战展现出的浓厚兴趣，在很大程度上源自中日两国在文化传统与发展路径上有诸多相似之处。美国人在谈判桌上的强硬姿态，不仅让日本人深感困惑，也让崇尚和谐、谦逊的中国人难以适应。此外，特朗普政府对中国出口企业实施的高额关税措施，以及对华为等高科技企业采取的限制手段，不禁让人回想起昔日美国举全国之力遏制日本汽车、半导体行业崛起的往事。这些历史的回响，不仅加深了中国民众对当前全球贸易摩擦的认识，也激发了更多人投身历史研究之中，渴望从历史经验中汲取智慧，寻求应对当前挑战的策略。

此外，日本在贸易战中遭受挫折并付出了经济长期低迷的代价，无疑加深了中国人对自身发展前景的思索。有观点认为，中日两国在经济发展路径上存在相似性：均曾高度依赖出口导向型的经济模式，且在经历了数十年的快速发展后，都不得不面对经济增速放缓和人口老龄化日益严峻的双重考验。在此背景下，"中国是否会重蹈日本的覆辙，步入所谓'失去的三十年'"，这一问题引发了社会各界的广泛讨论。

然而，在我们看来，中国无须过度担忧。一个核心的原因在于，昔日日本

1

与当今中国的经济体量，已不可同日而语，这赋予了中国在与美国的贸易博弈中更多的主动权。回溯 1985 年《广场协议》签订之前，日本的 GDP 尚不及美国的 1/3。尽管日元随后的升值一度推高了这一比例，但直至 1995 年，日本的 GDP 仅勉强达到美国的 70%，之后便步入了下行轨道。反观中国，2018 年中国的 GDP 已达到美国的 67%，并且在接下来的五年间，这一比例始终稳定在 70% 左右。展望未来，预计中美的 GDP 差距将进一步缩小。因此，从经济实力对比的角度来看，中国在面对贸易摩擦时拥有更强的韧性及更大的回旋余地。

当美国面对一个与自己经济实力旗鼓相当的对手时，它会如何应对呢？关于这个问题，20 世纪 90 年代至 21 世纪初那场轰动一时的美欧"香蕉贸易战"，或许能为我们提供一些启示。1993 年，欧盟正式宣告成立，其 12 个初创成员国的 GDP 总量已达到美国的 98%，双方的经济实力可谓平分秋色。同年，美国由于不满欧盟给予前殖民地国家的特惠政策，向世界贸易组织（WTO）提起了申诉。在接下来的数年间，尽管美国多次赢得 WTO 裁决，但欧盟却巧妙地运用各种策略拖延案件进展，裁决的执行效果也远未达到美国的预期。面对欧盟的不合作态度，美国虽然采取了一定程度的报复措施，但始终未将这场贸易争端推向全面升级的境地。最终，双方经过多轮磋商后达成和解协议，欧盟也获得了额外的缓冲期以有助于逐步调整其贸易政策。

美国在面对欧盟时所表现出的克制与忍让，实际上源于"投鼠忌器"的心态。在 20 世纪 90 年代前半叶，美国与欧盟之间的经贸往来相当密切。1994 年，美国对欧盟的货物与服务出口高达 1570 亿美元，占其总出口额的 22%；同年，美国从欧盟进口的货物与服务也达到了 1620 亿美元，占美国总进口额的 14%。更为关键的是，美国对欧盟 12 个成员国的直接投资高达 2510 亿美元，占其对外直接投资总额的 41%。而欧盟对美国的直接投资更是达到了 2740 亿美元，占美国吸引外国直接投资总额的 54%。在如此盘根错节的利益关系之下，美国深知，若对欧盟采取过激的报复措施，极有可能引发一场全面的贸易战，对其自身经济会造成严重的反噬。因此，美国在选择应对策略时显得尤为谨慎，力求控制贸易战的规模与烈度，并最终通过谈判与欧盟达成和解。

　　另外，欧盟多次在与美国的贸易争端中不落下风，这在很大程度上归功于其对 WTO 规则的精准把握以及稳健的谈判策略。这一点在 2004—2021 年那场旷日持久的飞机补贴争端中展现得淋漓尽致。当美国向 WTO 提起申诉的那一刻，欧盟便迅速作出反应，几乎同时发起了对美国的反诉，展现出了极高的应变能力。在整个案件的审理过程中，欧盟始终紧跟美国的节奏，并以其老练圆滑的谈判手段，见招拆招、步步为营，让对手倍感棘手。最终，双方决定搁置争议，暂停相互加征关税，这标志着这场漫长的拉锯战正式进入休眠期。

　　然而，谈判仅是贸易战的冰山一角，真正的博弈与较量，是在更广阔的经济体系内悄然展开的。"台上一分钟，台下十年功"，谈判桌上的每一分优势，无不是整个国家数十年如一日的辛勤耕耘、厚积薄发的结果；倘若过分迷信谈判策略上的技巧与变通，而忽视了经济实力这一根本因素，无异于舍本求末，终将难以持久。遗憾的是，欧盟似乎步入了这样的歧途。近十余年来，欧盟过度沉迷于所谓的"结构性权力"，热衷于"规则输出"与"全球治理"，却在某种程度上忽视了修炼"内功"，以致在战略性新兴产业的竞争中逐渐落入下风。这一状况既让人扼腕，也为我们敲响了警钟：在复杂多变的国际舞台上，唯有不断夯实自身实力，方能立于不败之地。

　　近年来，全球化进程遭遇了前所未有的严峻考验。2018 年，特朗普政府大肆挑起贸易争端，并宣布退出多个国际组织。这一系列举动掀起了一股反全球化的浪潮。而 2020 年以后新冠病毒感染疫情的肆虐，让国际政治经济形势变得更加错综复杂。西方国家纷纷打着"增强供应链韧性"的旗号，积极推动制造业回流本土，进一步加剧了全球化进程中的逆流与动荡。2022 年俄乌冲突的爆发，既将欧洲在地缘政治危机中的脆弱性暴露无遗，也引发了全球范围内对能源和供应链安全的深切担忧。

　　在如此复杂多变的国际局势下，美欧之间的经贸关系波折不断。飞机、钢铝、农产品等传统领域的纷争尚未平息，数字技术的突飞猛进又为双方关系增添了新的变数。欧盟出于对"数字主权"的焦虑，一方面积极推动欧盟成员国之间的合作，力求打造自主可控的数字基础设施；另一方面通过加强监管和征收数字税等手段，试图对美国科技巨头的扩张设下障碍。然而，这些举措招致了美国的不满，甚至威胁要动用"301 条款"对欧盟进行反制。与此同时，美国为吸引制造业投资所出台的一些补贴政策，也引起了欧盟对本土产业流失的担忧，致使双方之间的暗流更加汹涌。

本书旨在回顾美欧贸易战持续 30 年的跌宕历程，深入剖析其背后错综复杂的政治与经济根源，客观评价双方在历次博弈中的成败得失，并对未来的发展趋势做出前瞻性的展望。我们诚挚地希望，通过解读这段在中文语境下较少被详细探讨的历史，为中国读者提供一个理解全球经贸格局变迁的新视角。同时，我们也衷心地期盼，本书能为贸易与产业政策的制定者提供若干有益的参考。

本书共分为五个部分。前两个部分关注美欧在传统贸易领域的争端。其中，第一部分将引领读者回顾 1993—2001 年那场震惊全球的"香蕉贸易战"。本部分的核心在于揭示新诞生的欧盟如何通过对内整合市场资源、对外争取各方支持，进而与美国展开周旋的过程，同时深入探讨该案在推动全球化进程中的独特意义。第二部分将聚焦自 2004 年以来美欧围绕飞机补贴问题展开的漫长拉锯战。本部分将介绍双方利用 WTO 规则进行博弈的过程，并深入分析这一案例对中国当前产业升级的启示意义。

接下来的两个部分将视角转向美欧在新兴领域的纠纷。其中，第三部分将聚焦于美欧在数字经济领域的竞争。本部分主要探讨了美国"数字霸权"的兴起及其对全球构成的威胁，并详细描述了欧盟如何通过强化数据安全法规、规范数字市场竞争环境以及征收数字服务税等策略，积极捍卫其"数字主权"的过程。第四部分紧跟时代脉搏，聚焦近年来迅猛发展的人工智能技术。本部分首先简要介绍了三次人工智能浪潮的历史，以及近年来风靡全球的生成式人工智能的技术特征与发展前景；其次重点分析了各国（地区）针对人工智能行业出台的支持性政策与监管性法规；最后深入探讨了人工智能技术的发展对未来全球政治经济格局的深远影响及其背后潜藏的不确定性。

第五部分既是对本书议题的进一步探讨，也是对全书的总结。本部分将贸易争端纳入产业政策的视角，向读者介绍了美国和欧盟在产业政策领域的新动向，包括特朗普和拜登的交替上台对美国产业政策的影响，以及欧盟在内外压力下完成产业政策大转向的过程。本部分将评述美欧近年来推行的"再工业化"和"去风险"战略的成效，并重点阐述美国历史上实施的各种创新政策的成功经验及其启示意义。

　　本书的撰写荣幸地获得了中央财经大学国际经济与贸易学院 2020 年度、2021 年度教育教学改革专项资金的资助，并获得了符大海、钟腾龙等国际贸易领域知名专家的悉心指导与宝贵意见。在此，笔者表示衷心的感谢。

　　本书的写作过程也是笔者不断学习和探索的过程，笔者渴望得到读者的反馈，以便弥补缺陷、不断完善。

俞脱脱

2025 年 2 月 19 日

目　录

第一部分

香蕉贸易战——全球化的破晓

1995 年 1 月 1 日，世界贸易组织（WTO）正式成立。同年 9 月，美国联合多个拉美国家向 WTO 提起申诉，指控欧盟的香蕉进口制度违反了 WTO 规则，并要求欧盟改变其做法，以符合国际贸易的公平原则。尽管此案涉及的贸易额不大，但其审理和执行过程却异常漫长，远远超出了当事人的预期。在 1997—2001 年担任美国国务卿的奥尔布赖特曾感慨道："我未曾料到，在我的职业生涯中会花费如此多的时间在香蕉问题上。"实际上，这场被称为"香蕉贸易战"的争端持续时间甚至超出了她的任期，直到 2009 年才真正画上句号。

香蕉贸易战不仅涉及复杂的 WTO 规则，更是美国与欧盟在国际经济舞台上激烈对峙的一个缩影。一方面，作为"冷战"的胜出者，美国自视为多边体系的塑造者，正满怀信心地准备引领新一轮的全球化浪潮；另一方面，1993 年欧盟的诞生，标志着欧洲各国数年来苦心谋划的经济政治一体化终于结出硕果，"欧洲堡垒"在国际贸易舞台上展现出前所未有的强大影响力。这两大经济体之间的对峙，不仅使新成立的 WTO 备受考验，也对全球化的未来走向产生了深远的影响。

本部分将围绕香蕉贸易战这一历史事件展开。第一章将介绍这场贸易争端爆发的背景，包括 20 世纪 90 年代美国经济的繁荣与挑战、欧洲一体化进程以及世界贸易组织的成立。第二章将介绍这场争端的起因与经过，包括《洛美协定》、欧洲香蕉进口制度、美国的反击、WTO 的裁决以及漫长的制裁和谈判过程。第三章将分析香蕉贸易战的余波与影响，包括对 WTO 规则和全球农产品贸易困局的反思。

第一章　20 世纪 90 年代的
美欧经济概览

一、美国经济的繁荣与挑战

20 世纪 90 年代初期，美国经济乍暖还寒。一方面，苏联的解体标志着长达数十年"冷战"的终结，美国因此无需再投入巨额资源与苏联展开军备竞赛和意识形态的对抗，这为美国政府实施经济改革提供了广阔的空间。另一方面，受到高利率、储贷危机以及伊拉克入侵科威特等事件的影响，美国经济从 1990 年第三季度开始步入衰退，1990 年第四季度的 GDP 增长率为-3.6%，1991 年第一季度的 GDP 增长率为-1.9%。1992 年 6 月，美国失业率攀升至 7.8%的高点①。

在 1992 年的美国大选中，克林顿以"问题在于经济，笨蛋！"（It's the economy, stupid!）作为竞选口号，成功赢得了选民的支持，当选为第 42 任美国总统。他上任后，立即着手应对国内经济挑战，实施了一系列旨在促进经济增长的政策，包括减少国防和行政开支、减轻中低收入家庭和小企业的税负，以及加大对教育、科技和基础设施的投资等[1]。特别值得一提的是"信息高速公路"（National Information Infrastructure）计划。该计划于 1993 年 9 月正式

---

① 数据来源：CEIC。

推出，旨在利用 300 亿美元的政府资金，吸引约 4000 亿美元的私人投资，在 20 年内建设一个覆盖全国的高速通信网络。该计划的目的在于推动新兴信息产业的发展，并提升政府、企业和社会的信息化水平，从而增强美国的全球竞争力[2]。

得益于克林顿政府推行的一系列政策，美国的财政赤字大幅缩减，同时美国经济开始摆脱衰退，逐渐走向繁荣。随着高速通信网络的迅速普及，互联网用户数量显著增加，以信息产业为核心的高科技产业蓬勃发展，成为美国经济增长的新动力。纵观整个 20 世纪 90 年代，代表美国高科技产业的纳斯达克指数持续攀升（见图 1-1），形成了财富效应，增强了消费者的信心，带动了国内需求。强劲的国内需求又进一步刺激了企业的投资意愿，形成了良性循环，推动了经济的持续增长。

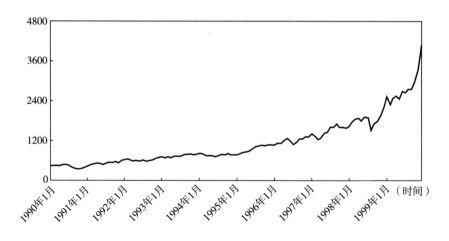

图 1-1　1990—1999 年的纳斯达克指数

资料来源：CEIC，NASDAQ。

此外，随着"冷战"的终结，国际环境逐渐趋向稳定，美国企业抓住这一机遇，加快了向海外市场的扩张。1994 年 1 月 1 日，北美自由贸易区（NAFTA）——由美国、加拿大和墨西哥三国构成的自由贸易区——正式成立，这进一步促进了美国企业"走出去"的步伐。作为世界上首个由发达国家与发展中国家共同建立的自由贸易区，NAFTA 致力于消除贸易壁垒，创造平等的投资环境，保护知识产权，并建立了一套有效的争端解决机制。该协定不仅促进了北美三国之间的贸易和投资增长，还推动了区域内的产业结构调整和资源的优化配置，从而增强了美国企业的全球竞争力[3]。

这一时期的美国经济也面临一些挑战。首先，随着众多美国企业将业务转移到海外，美国的贸易逆差急剧扩大（见图 1-2），产业空心化和社会不平等加剧等问题初现端倪。此外，日本和欧洲在汽车、电子、通信等产业的快速崛起，也对美国企业造成了显著的竞争压力[4]。

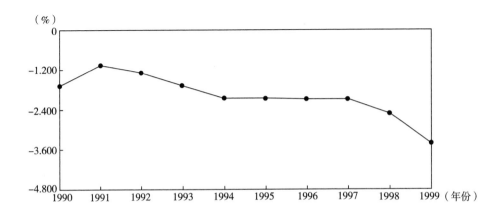

图 1-2　1990—1999 年美国贸易逆差占 GDP 的比重

资料来源：CEIC，OECD。

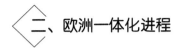**二、欧洲一体化进程**

欧洲一体化进程起源于欧洲煤钢共同体。1951 年 4 月，法国、西德、意大利、荷兰、比利时和卢森堡六国在巴黎签署了《欧洲煤钢共同体条约》又称《巴黎条约》。该条约规定，成员国将建立一个超国家机构来负责煤钢的生产和销售，以确保煤钢的自由流通和价格的合理稳定。欧洲煤钢共同体的成立，不仅促进了法德和解，还为欧洲一体化奠定了基石。它证明了不同国家可

以在特定领域进行经济合作，共同管理资源，实现互利共赢[5]。

为了进一步加强成员国之间的经济合作，推动欧洲经济的复苏和发展，1957 年 3 月，六国在罗马签署了《建立欧洲经济共同体条约》和《建立欧洲原子能共同体条约》。欧洲经济共同体（EEC）旨在实现成员国之间的自由贸易和关税同盟，消除贸易壁垒，促进商品、服务和资本的自由流通。欧洲原子能共同体（EURATOM）则专注于核能的研究和发展，旨在协调成员国之间的核能政策，确保核能的安全利用。1965 年 6 月，六国在布鲁塞尔签署了《合并条约》，决定将欧洲煤钢共同体、欧洲经济共同体和欧洲原子能共同体合并为一个统一的欧洲共同体，简称欧共体（EC）。此后，欧共体不断扩大，成员国数量逐渐增加。1973—1986 年，英国、爱尔兰、丹麦、希腊、西班牙和葡萄牙陆续加入欧共体，使成员国数量增加到 12 个。

尽管欧洲共同体已经建立了关税同盟，但非关税壁垒仍然阻碍了成员国间商品与服务的自由流通。1985 年，欧洲共同体委员会发布了一份名为《完成内部市场》的白皮书，提议逐步消除成员国间仍然存在的边界、技术与税务障碍，将整个欧共体建设成一个商品、人员、劳务与资本完全自由流通的内部市场。1986 年 2 月，欧共体各国签署了《单一欧洲法令》，将建立欧洲统一大市场确立为法定目标，并从体制上加速了其实施进程。1993 年 1 月 1 日，欧洲统一大市场按计划建成并开始运行。至此，欧共体已发展成为拥有 3.23 亿人口的世界三大区域经济集团之一[6]。此后，欧洲统一大市场的建设持续推进，截至 2024 年 11 月 30 日，欧盟发布的 1000 项单一市场指令中的 96% 已被所有成员国转化为国内法律①。

欧洲一体化进程并未止步于此。1991 年 12 月，欧洲共同体第 46 届首脑会议在荷兰马斯特里赫特举行，会议通过并签署了《欧洲经济与货币联盟条约》和《政治联盟条约》，合称《马斯特里赫特条约》。其中，《欧洲经济与货币联盟条约》规定了欧洲货币体系的最终目标是建立欧洲中央银行和实行单一货币，并设定了实现这一目标的时间表和条件；《政治联盟条约》则强调成员国

---

① European Commission. Transposition of Single Market Directives | The Single Market and Competitiveness Scoreboard［EB/OL］.［2025-02-09］. https：//single-market-scoreboard. ec. europa. eu/enforcement-tools/transposition_en.

在政治领域的合作与协调，包括外交政策、安全政策以及司法和内政事务等方面的合作，以增强欧洲在国际舞台上的地位和影响力。这两个条约的签署，标志着欧洲一体化进程迈入了一个全新的阶段，即从经济一体化向经济政治一体化发展[5]。1993年11月1日，《马斯特里赫特条约》正式生效，欧共体随之更名为欧洲联盟（EU）。1995年，奥地利、瑞典和芬兰正式加入欧盟，使欧盟成员国的数量从12个增长至15个。进入21世纪后，欧盟继续扩大版图，纳入了众多东欧国家。2020年，英国正式宣布脱欧。截至本书撰写之际，欧盟成员国的数量稳定在27个。

《马斯特里赫特条约》为欧洲货币一体化提出了"三步走"的实施方案：第一步自1990年7月1日起，主要目标是实现资本的自由流动，并加强成员国之间货币政策与汇率政策的协调；第二步从1994年1月1日开始，重点在于实现成员国之间的"经济聚合"，即满足通胀率、财政赤字、汇率稳定性和长期利率等方面的趋同标准，为启动统一货币做准备；第三步始于1999年1月1日，目标是建立统一货币和独立的欧洲中央银行体系。在这一方案的指导下，1994年1月，欧洲央行的前身——欧洲货币机构（EMI）成立。1998年7月1日，欧洲中央银行（ECB）成立。1999年1月1日，欧元正式启动，最初以电子货币形式存在，用于银行间交易。2002年1月1日，欧元现钞开始流通，成为欧元区国家的法定货币。2002年7月1日，欧元区成员国的原有货币停止流通，欧元成为唯一的法定货币。此后，欧元区经历多次扩张，截至本书撰写之时，已包括20个成员国，覆盖人口总规模超过3.4亿。

回顾欧洲一体化的历程，20世纪90年代无疑是其中最为浓墨重彩的一个篇章。在这十年间，欧洲一体化进程推进迅速，不仅建立了统一大市场、成立了欧盟，还启动了统一货币——欧元。这一时期的成功主要得益于两大因素的共同作用：一方面，随着国际竞争的日益加剧，欧洲各国逐渐意识到，唯有消除内部障碍、构建统一的大市场，才能增强欧洲在全球经济中的竞争力。值得一提的是，1988年发布的《切克奇尼报告》（Cecchini Report）在帮助欧洲各界凝聚共识方面发挥了重要作用。这份报告由意大利经济学家保罗·切克奇尼（Paolo Cecchini）领导的"非欧洲代价"项目委员会撰写，它深入分析了缺乏统一市场所产生的成本，并展望了统一大市场可能带来的预期收益，从而坚定了公众和政策制定者对欧洲经济一体化的信心[6]。另一方面，"德洛尔计划"的实施为欧洲一体化提供了坚实的财政支撑。雅克·德洛尔（Jacques Delors）于1985—1995年先后担任欧共体委员会和欧盟委员会主席。在他的主导下，欧共体进行了大刀阔斧的预算改革，增设了结构基金和地区基金，向经济较落后的成员国提供了大量的财政补贴。这不仅降低了成员国之间的发展不平衡，为提升经济政策的协调性创造了条件；而且增强了成员国之间的政治凝聚力，为消除内部壁垒以开展集体行动提供了动力[7]。

欧洲一体化的进程同样伴随着诸多波折。1992年，由于成员国货币政策的分歧以及国际投机资本的冲击，欧洲货币体系（EMS）发生了剧烈动荡，英国英镑和意大利里拉的汇率大幅下跌，法国法郎、西班牙比塞塔、瑞典克朗等货币也遭受了不同程度的贬值。最终，这场危机以芬兰马克和英镑退出欧洲货币体系而告终，给欧洲货币一体化的雄心造成了沉重一击[8]。1999年欧元问世后，由于市场需求不足、科索沃战争爆发、美国经济强劲等原因，欧元汇率持续走低，在2000年10月曾跌至1欧元兑0.8228美元的历史低位，给欧元的国际货币地位带来了不利影响[9]。2000年，希腊为了满足加入欧元区的条件，在国际投资银行高盛的协助下，设法隐藏了一笔高达10亿欧元的债务，这一行为成为若干年后欧洲债务危机爆发的导火索[10]。

尽管面临众多挑战和挫折，欧洲一体化进程依然取得了显著的进展。欧盟成功打造了一个高度发达且规范统一的内部市场，使大多数商品和服务能够自由流通，这为它在全球贸易中赢得了举足轻重的地位。此外，欧盟在贸易领域制定了严格的标准和规则，并积极动用反倾销、反补贴等贸易防御措施来保护本土产业的利益。尽管这些做法有时被指责为隐形贸易壁垒，但不可否认的是，欧盟有效地捍卫了自身的战略利益，将自己打造成了全球经济格局中易守难攻的"欧洲堡垒"[11]。

三、WTO 与国际贸易新秩序

在第二次世界大战期间，为了满足战争的需求，各国纷纷实施了提高关税、设置进口配额等贸易保护主义政策，这导致国际贸易活动几乎陷入了停滞状态。战后，为了重建国际贸易秩序并推动世界经济复苏，23 个国家于 1947 年 10 月 30 日在日内瓦签署了《关税及贸易总协定》（General Agreement on Tariffs and Trade，GATT），该协定于 1948 年 1 月 1 日起正式生效。GATT 以提高生活水平、保证充分就业、增加实际收入和有效需求、扩大世界资源的充分利用、发展商品的生产和交换为宗旨，确立了一套处理成员国间贸易关系的原则和规则，并通过签署众多协议，持续地丰富和完善了多边贸易体制的法律框架。诸如最惠国待遇、关税减让、贸易救济、争端解决等后来广为人知的概念，均源自 GATT。GATT 的成立象征着多边贸易体制的诞生，对战后国际贸易秩序的恢复与进步起到了至关重要的作用。

随着时间的流逝，GATT 在调节国际贸易关系方面逐渐显得力不从心。特别是自 20 世纪 70 年代起，石油危机引发的经济衰退导致美国、日本和欧共体之间在农产品、钢铁、纺织品、汽车等领域频繁发生贸易摩擦，充分暴露了 GATT 规则的约束力不足以及争端解决机制效率低下等问题。1986 年 9 月 15 日，GATT 启动了第八轮多边贸易谈判，即著名的乌拉圭回合①。这场谈判持续了 7 年 7 个月，是 GATT 历史上规模最大、议题最广泛、影响最深远的一轮谈判。乌拉圭回合谈判的一大核心成果是签署了《建立世界贸易组织的马拉喀什协议》。该协议明确了 WTO 的宗旨、职能、组织架构、成员资格、决策程序等核心要素。1995 年 1 月 1 日，世界贸易组织（WTO）正式成立。

WTO 继承并发展了 GATT 的原则以及大部分规则，成为一个永久性的国际组织，为全球经济和贸易的持续增长提供了更为坚实的保障。首先，WTO 具备一套完整的组织架构，包括部长级会议、总理事会、各专门委员会、秘书处及总干事等，能够更高效地协调和管理全球贸易事务。其次，WTO 的规则具有更强的约束力，特别是它建立了一个更为高效的争端解决机制，包括设立专家小组和上诉机构处理争端、授权对违规国家实施制裁等，确保了规则的有效执行。再次，WTO 不仅涵盖传统的商品贸易，还辐射服务贸易、知识产权、农业及贸易便利化等领域，构建了一个更为全面的法律框架，以更好地适应国

---

① GATT 自成立以来，每隔一段时间就会发起一轮多边关税与贸易谈判，即"回合"（Round）。这些谈判旨在降低关税和非关税壁垒，促进国际贸易自由化。

际贸易领域的新发展。最后，WTO 更加注重发展中国家的利益和需求，它不仅设立了专门的技术援助和培训项目，帮助发展中国家制定贸易政策、提升贸易能力，还允许发展中国家在特定情况下采取特殊和差别待遇措施，以保护其国内产业[12]。总体而言，WTO 为成员方构建了一个更加稳定和可预测的贸易环境，为全球贸易的增长提供了持久的动力（见图 1-3）。

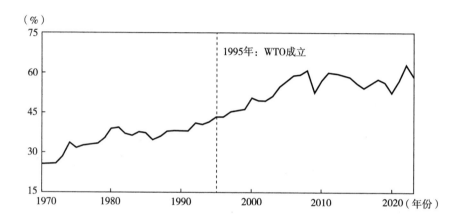

图 1-3 1970—2023 年全球商品和服务贸易总额占各国 GDP 总和的百分比

资料来源：CEIC，WB。

参考文献

［1］鲁戈.试评克林顿经济政策［J］.特区经济，1993（06）：53-54.

［2］金建.论美国信息高速公路战略与中国信息产业发展对策（一）［J］.图书情报工作，1994（06）：1-9.

［3］周文贵.北美自由贸易区：特点、运行机制、借鉴与启示［J］.国际经贸探索，2004（01）：16-21.

［4］肖炼.论九十年代美国对外经济关系的新战略［J］.美国研究，1990（04）：4-5+82-98.

［5］杨豫.欧洲政治一体化的进程：历史的回顾［J］.欧洲，2002（05）：1-11+104.

［6］陈淑梅.欧洲单一市场研究综述［J］.东南大学学报（哲学社会科学版），2008（06）：28-34+134.

［7］孙彦红."欧元缔造者"德洛尔留给欧洲的政治遗产［J］.世界知识，2024（03）：68-69.

［8］杨惠昶.论欧洲货币危机［J］.世界经济，1993（07）：36-41.

［9］丁纯，蒋帝文.欧元诞生以来经历的冲击回顾与展望［J］.中国外汇，2022（17）：16-18.

［10］希腊危机：高盛"巨献"［J］.中国总会计师，2014（08）：153-155.

［11］王宏禹.欧盟经济外交的特点及中国的应对策略［J］.欧洲研究，2014，32（04）：7+88-99.

［12］李夏玲.WTO与GATT的差别及中国"入世"谈判目标的达成分析［J］.当代财经，2003（06）：97-99.

第二章　香蕉贸易战的起因与经过

一、欧洲共同农业政策与《洛美协定》

欧盟在农产品领域实行贸易保护措施的历史相当悠久。早在 1962 年，欧洲经济共同体便推出了共同农业政策（CAP）。该政策通过统一农产品价格、建立共同农业基金以及实施高额关税等措施，旨在促进农业生产并保障农民的收入。该政策取得了显著成效，到了 20 世纪 70 年代，西欧国家的农业产量大幅增长，实现了从农产品净进口国向净出口国的转变，甚至一度激起美国对其"不公平贸易手段"的指控。进入 20 世纪 80 年代后，欧盟共同农业政策的核心目标转向削减过剩产能和发展生态农业，尽管如此，其对进口农产品设置的关税壁垒并未显著降低[1]。

与欧盟的农业保护政策同样源远流长的是其对前殖民地国家的优惠贸易政策。1963 年 7 月，欧洲经济共同体与 18 个前非洲殖民地国家在喀麦隆首都雅温得签署了《雅温得协定》（Yaoundé Convention），为后者提供了优惠的市场准入条件。1973 年，随着英国加入欧洲共同体（EC），有权享受优惠待遇的前殖民地国家的数量大幅上升。1975 年 2 月 28 日，当时的 9 个欧共体成员国与 46 个非洲、加勒比海以及太平洋地区国家（ACP）在多哥首都共同签署了《洛美协定》（Lomé Convention）。根据该协定，ACP 国家生产的几乎所有商品均可免税进入欧共体市场，且不受数量限制，而 ACP 国家有权对欧共体生产的商品实施配额和关税限制。此外，《洛美协定》还设立了多个援助计划，旨在帮助那些因国际农产品和矿产品价格波动而蒙受重大损失的 ACP 国家。此后，《洛美协定》经历了多次续签，参与国数量持续增加，直至 2000 年被《科托努协定》（Cotonou Agreement）所取代为止[2]。

然而，《洛美协定》与最惠国待遇原则之间存在明显的冲突。最惠国待遇（Most-Favored-Nation Treatment）是 GATT/WTO 的核心原则之一，其宗旨在于确保成员方之间在贸易往来中享有平等的待遇。它要求一个成员方给予其他成员方的贸易优惠，不得低于其给予任何其他国家（地区）的优惠。简而言之，最惠国待遇原则上强调"一视同仁"，即不得对任何成员方进行歧视。然而，根据《洛美协定》，ACP 国家生产的96%的农产品可以免税且不受限制地进入欧盟市场；剩余5%的农产品——包括牛肉、甜酒、香蕉等——则每年享有特定数量的免税进口额度。考虑到欧盟对农产品进口普遍实施高关税，《洛美协定》为 ACP 国家的农产品提供了超越其他国家的优惠待遇，从而违背了最惠国待遇原则。为了解决这一矛盾，作为《洛美协定》主要签署方的欧盟依据 WTO 协定第9条第3款，向 WTO 提出了豁免请求①。WTO 部长级会议在审议该请求后，于1994年12月以超过 2/3 的多数票通过了豁免决议，允许欧盟在《洛美协定》的框架下，为从 ACP 国家进口的产品提供优惠关税待遇，即便这种待遇与最惠国待遇原则相悖。这便是所谓的"洛美豁免"（Lomé Waiver）[3]。

二、欧盟香蕉进口制度与美国的反击

在20世纪90年代初期，全球香蕉市场呈现出寡头垄断的格局，金吉达（Chiquita）、都乐（Dole）和德尔蒙特（Del Monte）三家美国公司控制了超过64%的香蕉贸易总额。这三大巨头的产品主要源自拉丁美洲国家的大型种植园。得益于规模效应，该地区出产的香蕉（通常被称为"美元香蕉"）相较

---

① 根据《建立世界贸易组织马拉喀什的协定》第9条第3款的规定，WTO 部长级会议可以在"例外情况下"决定豁免某成员方根据本协定和其他多边贸易协定所承担的某项义务。部长级会议是 WTO 的最高决策机构，至少每两年举行一次。

于其他地区拥有显著的成本优势。在消费端，欧盟是全球最大的香蕉消费市场，年均进口香蕉 400 万吨，零售总额达到 50 亿美元。在欧盟市场上，美元香蕉占据了主导地位，而 ACP 国家的市场份额不到 20%，加勒比岛国的份额更是不足 10%[4]。在一些经济高度依赖香蕉出口的加勒比岛国，美元香蕉正在对数万民众的生计构成威胁①。

1993 年，欧盟依据《理事会规则 404/93》推行了一项新的香蕉进口制度。该制度构建了一个复杂的配额和许可证体系，旨在同时达成三个目标：第一，解决成员国此前签署的一些双边贸易协定中的矛盾，维护欧盟内部市场的统一；第二，符合 GATT 的相关规定，避免引起贸易争端；第三，维持对前殖民地国家的承诺，继续支持 ACP 地区的发展。为了实现以上目标，该制度对美元香蕉的进口设定了比较严格的限制，规定 200 万吨以下的美元香蕉需缴纳 20%的关税，超出部分则需缴纳 170%的关税。同时，该制度依据《洛美协定》中的相关条款，给予了传统的 ACP 国家供应商一定的市场准入优惠，允许它们在某个限额以下向欧盟免税出口香蕉。

欧盟香蕉进口制度的许可证分配程序尤为复杂②。首先，欧盟将进口许可证细分为三大类：A 类许可证分配给来自第三方国家的申请者，主要是美元香蕉的经营者；B 类许可证分配给 ACP 国家的经营者；C 类许可证则是为新进入市场的经营者所设。这三类许可证的数量占比分别为 66.5%、30%和 3.5%。然后，欧盟依据许可证申请者的具体经营活动，进一步将其细分为进口商、分销商和销售商三个类别，并将每个类别的申请者可获得的许可证数量与其在 1989—1991 年欧盟市场上实际"销售"（Marketed）的数量挂钩。总之，通过这套繁复的许可证分配程序，欧盟实际上为每一个国家设定了单独的配额[5]。

该制度的出名激起了拉美国家的强烈反对。它们强调，尽管拉美国家对香蕉的依赖程度不如加勒比岛国，但作为贫穷国家，它们同样应得到欧盟的特别关照。因此，一些拉美国家向 GATT 提出申诉，要求欧盟增加香蕉进口配额至

---

① Oxfam. A Future for Caribbean Bananas［EB/OL］.（2007－04－14）［2025－02－09］. http：//www. oxfam. org. uk/what_we_do/issues/trade/wto_bananas. htm.

② 许可证作为配额制度的执行工具，要求进口商必须先取得许可证才能进行进口，而许可证的数量上限即为配额的总量。

250 万吨，并同时降低配额内和配额外的关税税率。为了平息这场争端，欧盟与一些拉美国家进行了谈判，并在 1993 年底之前与包括哥斯达黎加、哥伦比亚、尼加拉瓜在内的大多数拉美国家达成了和解协议[4]。

然而，美国的介入让争端陡然升级。1994 年 11 月，基于金吉达和都乐这两家公司的申诉，美国政府启动了针对欧盟的"超级 301 条款"调查。调查结论是，欧盟的政策不仅对从事香蕉贸易的美国企业构成歧视，还对部分拉美国家造成了不公正的结果。随后，美国联合危地马拉、洪都拉斯及墨西哥，于1995 年 9 月向 WTO 发起了申诉，要求欧盟修改其香蕉进口政策。1996 年 2 月，厄瓜多尔加入 WTO 之后，也提出了同样的要求[6]。

三、漫长的审理、制裁与谈判

WTO 争端解决程序的第一阶段是磋商①。在这一阶段，美国和拉美国家声称，欧盟的配额和许可证制度违背了 WTO 的最惠国待遇原则。然而，欧盟以"洛美豁免"为由，为其香蕉进口制度进行辩护。最终，双方未能达成共识。磋商失败后，WTO 争端解决机构于 1996 年 5 月 8 日成立专家组，对欧共体的香蕉进口制度进行审查。

1997 年 5 月 22 日，专家组发布报告，裁定欧共体的香蕉进口制度违反了WTO 规则。专家组的核心论点在于，尽管依据"洛美豁免"，欧盟有权对 ACP国家和拉美国家实施差异化的进口配额和关税，但其许可证分配程序——包括将申请者依据其经营活动进行分类以及为每一个 ACP 国家指定配额的做法，违背了包括非歧视原则在内的多条 WTO 规则。然而，欧盟不服这一裁决，并于 1997 年 6 月 11 日提起上诉。结果，上诉机构赞同专家组报告中的大多数结论，仅在一些不重要的问题上对其做了更正。1997 年 9 月 25 日，上诉机构的报告在 WTO 争端解决机构会议上获得通过，成为关于此案的最终裁决。

欧盟表示接受 WTO 的最终裁决，并着手调整其香蕉进口政策，以确保符

---

① 按照 WTO 的有关规定，发生贸易争端的双方应当就其所争议的问题举行 60 天的磋商。如果无法达成一致，任何一方都将有权要求 WTO 成立一个独立的专家小组进行裁决。

合 WTO 的相关规定。调整措施主要涉及简化许可证分配流程，使之更贴近主要供应商的历史业绩，并取消或调整了针对 ACP 国家的特定国别配额。1998 年 11 月 25 日，欧盟公布了修改后的香蕉进口制度，并宣布新制度将于 1999 年 1 月 1 日起正式生效。然而，在新制度正式公布之前，美国和拉美国家已经对其内容进行了磋商。它们指出，欧盟所谓的"新制度"仅在表面进行了调整，并未消除一些带有歧视性的做法。欧盟则表示不认同这一看法，并要求再次成立专家组，以评估其新制度的合规性。

由于双方僵持不下，美国失去了耐心，于 1999 年 3 月 3 日单方面宣布，依据"301 条款"对来自欧盟的价值 5.2 亿美元的产品——包括肉类、奶酪、饼干、针织羊绒服装等，加征 100% 的惩罚性关税，丹麦和荷兰因反对欧盟的新制度而被免于惩罚。这一举措激起了欧盟的强烈反对。欧盟随后向 WTO 提起申诉，要求审议美国采取的报复措施是否合法。1999 年 4 月 8 日，WTO 争端解决机构再次作出裁决，确认欧盟的新政策依然违反 WTO 规则，美国有权对其实施制裁，但 5.2 亿美元的制裁金额超出了美国遭受的实际损害程度，应削减至 1.914 亿美元。与此同时，WTO 争端解决机构还对拉美五国针对欧盟发起的另一项申诉作出了裁决，认定欧盟的政策对厄瓜多尔造成了损失，因此厄瓜多尔有权对欧盟实施制裁，制裁金额为每年 2.016 亿美元。

此后，经过长时间的磋商和谈判，美欧双方终于在 2001 年 4 月 11 日就香蕉贸易争端达成了一项协议。根据该协议，欧盟将逐步减少从拉美国家进口香蕉的关税，并从 2006 年 1 月 1 日起取消进口许可证制度，全面转向征税制度。2009 年，欧盟与拉美国家在日内瓦再次达成协议。根据新的协议，欧盟承诺逐步减少从拉美国家进口香蕉的关税，作为回应，拉美国家撤销了在 WTO 对欧盟提起的多起申诉，同时美国也同意终止与欧盟的相关贸易争端。至此，这场持续十余年的香蕉贸易战终于画下了句点。

参考文献

[1] 徐世平. 欧盟共同农业政策变迁探析 [J]. 甘肃科技纵横，2005 (06)：10-11+209.

[2] 郑先武. 从洛美到科托努——欧盟—非加太贸易体制从特惠向互惠的

历史性转变［J］. 国际问题研究，2003（03）：55-59.

　　［3］邓炯. 香蕉案与《洛美协定》特惠待遇体制［J］. 欧洲，2000（05）：69-76.

　　［4］BARCLAY C. The Trade Dispute between the EU and the USA over Bananas［R/OL］. House of Commons Library Research Paper 99/28，1999［2025-02-09］. https：//researchbriefings. files. parliament. uk/documents/RP99-28/RP99-28. pdf.

　　［5］CALÌ M，ABBOTT R，PAGE S. The EU Banana Regime：Evolution and Implications of its Recent Changes［R/OL］. European Parliament Policy Study，2010［2025-02-09］. https：//www. europarl. europa. eu/RegData/etudes/etudes/join/2010/433852/EXPO-INTA_ET（2010）433852_EN. pdf.

　　［6］WTO. DS27：European Communities—Regime for the Importation，Sale and Distribution of Bananas［EB/OL］.［2025-02-09］. https：//www. wto. org/english/tratop_e/dispu_e/cases_e/ds27_e. htm.

第三章　香蕉贸易战的余波与影响

一、对 WTO 规则的反思

尽管香蕉贸易战的硝烟已经散去，但其影响仍在持续。这场争端在 WTO 的历史上具有划时代的意义，因为它不仅是 WTO 成立后处理的首个重大贸易争端，而且涉及美国和欧盟两个全球经济中的重量级角色。作为国际贸易规则体系的主要构建者，美国和欧盟对 GATT 及 WTO 的规则了如指掌，甚至可以说，这些规则在制定之初就体现了它们的意志和利益[1]。在激烈的香蕉贸易战中，双方都利用自己对规则的深刻理解，援引了大量条款来支撑各自的立场，并采取了多种策略维护自身的利益，为旁观者提供了一个教科书级别的 WTO 申诉实战案例。在某种意义上，香蕉贸易战加深了 WTO 成员方对多边贸易规则的理解，从而间接地促进了世界贸易自由化的进程。

这起案件同时凸显了 WTO 的一些固有缺陷。首先，尽管相较于其前身 GATT，WTO 在争端解决的效率及裁决结果的强制性方面取得了显著进步，但对于大型经济体的约束力仍显不足，这一点在香蕉贸易战中表现得尤为明显。一方面，尽管 WTO 多次裁定欧盟违反了相关规则，但欧盟却屡次利用各种程序拖延案件审理进程，每次都在截止日期前作出些许改变，致使案件迟迟未能以申诉方期望的方式得到妥善解决。另一方面，在案件审理期间，美国不顾 WTO 规则，对欧盟采取了单方面制裁措施，尽管 WTO 的后续裁决在一定程度上为这一行为提供了正当性依据，但美国在程序上违规却是毋庸置疑的事实。遗憾的是，WTO 并未对这些违规行为施加相应的处罚，也缺乏有效的机制来遏制大型经济体的机会主义倾向。数十年后，美国故意阻挠 WTO 上诉机构法官的任命程序，导致该机构陷入瘫痪状态，严重削弱了 WTO 的权威性和有效性。追根溯源，危机的种子早在 WTO 成立之初便已悄然埋下。

其次，WTO 对香蕉贸易战的裁决对一些最不发达国家造成了损害，这引发了人们对 WTO 是否能真正维护发展中国家的利益产生了质疑。实际上，WTO 的前身——GATT 其基本原则和条款在很大程度上是为发达国家量身定做的，其倡导的自由贸易规则也更有利于发达国家。尽管 GATT 后来增加了一些旨在保障发展中国家利益的条款，但这些条款的实施条件极为苛刻，致使发展中国家几乎无法真正从中受益[2]。WTO 成立后，国际贸易中的非歧视性原则受到了前所未有的重视，像《洛美协定》这类具有发展援助性质的优惠贸易协议变得难以实施。研究表明，香蕉贸易战之后，欧盟减少了对加勒比岛国的贸易政策倾斜，对这些国家的经济造成了显著的负面影响[3]。此外，由于香蕉贸易战失利，欧盟决定不再与 ACP 国家续签《洛美协定》，而是签订了新的《科托努协定》。新协定用经济伙伴协定（EPA）取代了特惠贸易待遇，它要求 ACP 国家逐步开放市场、取消进口关税，这引起了 ACP 国家的普遍担忧[4]。

也有人认为，欧盟实施的香蕉进口制度，与其说是为了援助最不发达国家，不如说是为了保护欧洲本土企业。金吉达、都乐和德尔蒙特三家美国公司声称，自从欧盟实施许可证制度以来，它们的利润有所下降，而一些欧洲和非洲的香蕉进口商从美元香蕉的市场份额转移中获利。此外，根据世界银行于 1995 年发布的一份报告，该制度导致欧盟消费者每年需额外支付 23 亿美元，其中大部分转化为欧洲公司的垄断利润，只有很少一部分真正惠及香蕉生产者[5]。总之，批评者认为，贸易扭曲并非实施发展援助的最理想方式。

此外，香蕉在西方政治中是一个富含象征意义的符号，这使 WTO 对这一案件的裁决极具政治敏锐性。自 19 世纪末至 20 世纪初，联合果品公司（United Fruit Company）与标准果品公司（Standard Fruit Company）在洪都拉斯、危地马拉和哥斯达黎加等中美洲国家大量购置土地，用于大规模种植香蕉。这些公司不仅掌握了当地的经济命脉；还与美国政府联手，深度介入当地的政治事务。到了 20 世纪 90 年代，这些国家的经济依然高度依赖初级农产品出口，经济结构单一，政府更迭频繁，经济利益被少数外国公司和本地精英阶层所垄断，普通民众生活困苦，这些国家因此被讥讽为"香蕉共和国"①。而涉及本次"香蕉贸易战"的两家美国企业——金吉达和都乐的前身，正是当年的联合果品公司和标准果品公司。WTO 的裁决维护了这两家在历史上饱受争议的跨国公司的利益，却令加勒比岛国的小农经济备受打击，这让一些人对全球化的未来持悲观态度。1999 年 11 月 30 日，WTO 第三届部长级会议在美国西雅图开幕之际，会场外爆发了大规模的示威游行，导致新一轮全球贸易谈判未能如期启动②。这一事件凸显了国际社会对 WTO 和全球化的广泛质疑。

尽管伴随诸多争议，但 WTO 的成立无疑是全球经济史上的一块重要里程碑。它所倡导的贸易规则透明化，为各国（地区）提供了一个相对公平的竞争平台，极大地促进了商品和服务的自由流通，为全世界带来了巨大的经济利益。然而，全球化进程也不可避免地催生了一些利益受损者，他们因产业结构调整滞后或竞争力不足而面临困境。如何对这些全球化的受害者进行补偿，是一个极为重要但长期以来被忽视的问题。

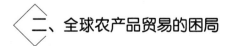

二、全球农产品贸易的困局

香蕉贸易战并非美国与欧盟之间唯一的一次农产品贸易争端。实际上，双方在农产品贸易领域多次发生激烈冲突，部分争端至今仍未解决。早在 1960 年，欧共体为保护本土农民的利益，对美国出口的冻鸡征收了差价税；作为反击，美国提升了从欧共体进口的卡车、酒类等商品的关税。到了 20 世纪 70 年代，欧共体从农产品净进口国转变为净出口国，并通过出口补贴显著提升了其

① 赵凯，席玥，蒋彤. 南方觉醒："香蕉共和国"的突围［EB/OL］. 新华网，（2024-08-05）［2025-02-09］. https：//www. news. cn/world/20240805/81f8457f19ee4b8dac8c05f5705f3b869/c. html.

② 中新社. WTO 第三届部长级会议在西雅图举行"不顺畅"［EB/OL］.（1999-12-03）［2025-02-10］. https：//finance. sina. com. cn/general/viewpoint/1999-12-03/14099. html.

农产品在国际市场上的竞争力；美国认为这一行为构成了"不公平贸易手段"，并对欧盟出口产品施加了两次惩罚性关税①。

此后，欧盟的农产品贸易保护措施从关税和补贴等传统手段转向技术性贸易壁垒。20世纪80年代，为保护公共健康，欧共体禁止进口含有生长激素的牛肉，这严重影响了美国对欧洲的牛肉出口。美国政府认为这一禁令缺乏科学依据，实质上欧共体是出于保护主义动机，因此对欧共体采取了贸易报复措施。这场贸易争端持续了20多年，直到2009年双方才达成一项临时协议，但问题并未得到根本性解决[6]。20世纪90年代末期，欧盟出于对转基因食品安全性的担忧，决定暂停新转基因产品的审批流程。美国再次认为这一决定缺乏科学依据，于是与加拿大和阿根廷联合向WTO提起申诉。尽管WTO专家组裁定欧盟的审批暂停措施违反了WTO相关规定，但此后欧盟在转基因产品的审批问题上仍然保持谨慎态度[7]。

尽管美国和欧盟在农产品贸易问题上频繁发生摩擦，它们在面对发展中经济体的挑战时却常常持有相似的立场。以2001年启动的WTO多哈回合谈判为例，经过七年的努力，谈判最终陷入僵局，其主要原因在于以美国和欧盟为首的发达经济体与众多发展中经济体在农业补贴等问题上存在深刻分歧。美国和欧盟长期向本国农业提供大量补贴，这使它们的农产品在国际市场上享有价格优势，对发展中经济体的农业造成了冲击[8]。以印度为首的发展中经济体希望放宽农产品特殊保障机制（SSM）的限制，以便在农产品进口激增时能够采取提高关税等措施来保护本国农业，然而这一诉求被美国等发达经济体拒绝[9]。

发达经济体之所以拒绝回应发展中经济体的诉求，主要是出于国内政治压力。以欧盟为例，鉴于欧洲农民历来有驾驶拖拉机堵塞道路以表达诉求的传统，农业补贴和农产品贸易保护一直是其政治上的敏感议题。自2022年俄乌冲突爆发以来，欧洲十余国爆发了大规模的农民抗议活动，以表达对农业补贴减少、农业生产成本上涨以及大量进口乌克兰廉价粮食的不满②。此外，法国

---

① 平安宏观研究组. 美国贸易战历史回顾：多次挑起事端，擅长多维打击［EB/OL］.（2018-03-09）［2025-02-10］. http：//chinawto. mofcom. gov. cn/article/ap/p/201803/20180302718733. shtml.

② 南博一. 欧洲十余国爆发农民抗议为哪般？或改写欧洲政局？［N/OL］. 澎湃新闻，2024-02-05［2025-02-10］. https：//www. thepaper. cn/newsDetail_forward_26271393.

农民因担忧 2024 年 12 月签署的《欧盟—南方共同市场自由贸易协定》可能导致廉价的南美牛肉大量涌入欧洲市场，发起了多次示威活动。法国总统马克龙亦表示反对该协定，以此来彰显其维护本国农民利益的立场①。

相较于发达国家，全球农产品贸易壁垒林立的现状对发展中国家的影响更加负面。一方面，高额的关税以及绿色壁垒、技术壁垒等非关税壁垒，使发展中国家的农产品难以进入发达国家的市场，导致农民及相关从业者的收入下降，减贫目标的实现变得更加困难，农业的产业升级和现代化进程也遭遇重重阻碍。根据世界银行在 2000 年的估算，发达国家对农产品征收的关税和提供的农业补贴，导致发展中国家每年经济损失大约 200 亿美元，这一损失抵消了后者所接受的发展援助的 40%[10]。另一方面，许多发展中国家为了保护本土农业、实现自给自足，对粮食进口设置壁垒，但这些壁垒同样限制了它们从国际市场获取低价农产品的途径，反而降低了粮食安全水平。对于这些国家来说，如何在贸易利得与粮食安全之间找到平衡点，是一个复杂且棘手的问题[11]。

综上所述，农产品贸易自由化是一个世界性难题。发达国家在国内政治上承压，既难以减少国内农业补贴，也难以放宽对农产品市场准入的限制。发展中国家则往往因为技术能力有限或生产成本较高，既难以达到发达国家市场的进口标准，也无法在国际大宗农产品市场上与发达国家展开有效的竞争。此外，一些国家出于对粮食安全的担忧，对于全面开放国内市场持谨慎态度。展望未来，通过多边贸易协定实现全球农产品贸易自由化可能困难较大，而双边或区域自由贸易协定或许是一个更为实际可行的解决方案。

参考文献

[1] [美] 约翰·H. 巴顿，朱迪思·L. 戈尔斯坦，蒂莫西·E. 乔思林. 贸易体制的演进：GATT 和 WTO 体制中的政治学、法学和经济学 [M]. 廖诗评，译. 北京：北京大学出版社，2013.

[2] 杜明，李红波. GATT/WTO 体制中特殊和差别待遇的历史考察 [J].

---

① 张娟. 马克龙称反对欧盟与南方共同市场达成的自贸协定 [N/OL]. 央视新闻，2024-12-13 [2025-02-10]. https://news.cctv.com/2024/12/13/ARTIs65B3Ji5WFMstFZof7Le241213.shtml.

世界经济与政治，2005（08）：6+69-74.

　　[3] BERNAL R L. Impact of US Banana Policy on the Caribbean ［M］// BERNAL R L. Corporate versus National Interest in US Trade Policy. Cham：Springer International Publishing，2020：179-205.

　　[4] 郑先武. 欧盟—非加太新贸易体制谈判及其对发展中国家的影响 ［J］. 国际论坛，2004（02）：68-73+81.

　　[5] BORRELL B. EU Bananarama Ⅲ ［R/OL］. Policy Research Working Paper No. 1386. World Bank，1994 ［2025-02-10］. http：//documents. worldbank. org/curated/en/86450 1468739204444.

　　[6] 张一博，黄茂钦. WTO 争端解决机制之报复制度探析——以欧盟荷尔蒙案为例 ［J］. 甘肃政法学院学报，2019（01）：121-133.

　　[7] 陈俊红，孙东升. WTO 对转基因农产品贸易争端案有关问题的分析和认定 ［J］. 世界农业，2008（09）：5-7.

　　[8] 罗国强. 欧盟共同农业政策与多哈回合僵局 ［J］. 农业经济问题，2007（07）：106-109.

　　[9] 邓贤明，肖润华. 多哈回合谈判中的农产品特殊保障机制研究综述 ［J］. 农业经济，2014（11）：116-118.

　　[10] MALMBERG C C, DAS GUPTA M, GROOTAERT C N, et al. World Development Report 2000-2001：Attacking Poverty ［R/OL］. World Bank Group，2001 ［2025-02-10］. http：//documents. worldbank. org/curated/en/673161468 161371338.

　　[11] 杨静，陈亮，冯卓. 国际农业垄断资本对发展中国家粮食安全影响的分析——兼对保障中国粮食安全的思考 ［J］. 中国农村经济，2017（04）：75-87.

第二部分

飞机补贴争端——天空之上的较量

　　航空工业不仅是国家安全的关键支柱，也是推动制造业产业链发展、促进科技进步与创新的核心动力。然而，鉴于该行业固有的高风险、大投入、长周期等特点，私人资本通常难以有效地对其进行投资。因此，政府的支持对航空工业的发展尤为重要。实际上，波音公司和空中客车公司（以下简称"空客"）两大航空工业巨头在发展过程中都曾获得过其母国政府的大力支持。但是，这种支持却演变为双方在国际贸易规则层面上相互指责的借口。自2004年以来，美国与欧盟因飞机补贴问题陷入了长期的争执。WTO为解决这一争端投入了大量资源，但始终未能促成双方达成共识。这一状况不仅暴露了WTO规则的缺陷，还加速了WTO危机的爆发，对全球贸易体系造成了深远的影响。

　　更深入地看，这场争端揭示了国际贸易规则与国内产业政策之间的深刻矛盾。空客的起源可以追溯至"冷战"时期，当时的国际贸易规则相对宽松，为欧洲各国政府实施补贴和采购政策留出了一定的空间。这为空客突破波音的市场垄断、逐步崛起为全球航空工业巨头提供了根本性的保障。然而，自进入全球化时代以来，国际贸易规则得到了进一步完善，这使后来者难以复制空客的成功模式。近年来，随着WTO危机的爆发，国际贸易规则再次进入动荡期。对于那些有志于实现产业追赶的后发国家（地区）而言，这究竟是挑战还是机遇，目前还难以判断。

　　本部分将围绕飞机补贴争端这一核心议题，首先简要介绍了20世纪航空工业的发展简史，梳理了波音与空客的成长路径及政府的支持方式；其次详细阐述了美欧飞机补贴争端的过程，分析了双方的主要论点及 WTO 的裁决结果；最后深入探讨了美欧飞机补贴争端的影响与启示，并思考了全球航空工业的发展格局以及国际贸易规则与补贴政策的前景。

第四章　20世纪航空工业的发展简史

一、"二战"前后的蓬勃发展

　　航空工业的起源可追溯至20世纪初期，其发展历程受到了两次世界大战的显著推动。战争对飞机的需求，不仅为飞机制造企业带来了大量的订单，还培养了众多的设计师、技术工人和飞行员。战后，这些过剩的产能和人才转向民用领域，直接推动了商用飞机制造业和民航产业的蓬勃发展。以波音公司为例，它成立于第一次世界大战期间，最初以制造军用飞机起家，战后转型进入民用航空器市场，并逐步发展成为全球最大的飞机制造商。第二次世界大战结束后，仅在1945—1950年的短短五年间，美国国内航空公司的客运量便从600万人次飙升至1700万人次，增幅接近两倍，这充分展示了军转民的巨大潜力[1]。

　　推动航空工业发展的另一大因素是技术创新。在20世纪30年代，英国的弗兰克·惠特尔（Frank Whittle）与德国的汉斯·冯·奥海恩（Hans von Ohain）分别独立发明了涡轮喷气发动机。这种发动机在功率重量比、燃油效率和可靠性等多个方面均超越了传统的活塞发动机，为后续推出的各类先进航空器提供了强大的动力支持[2]。1952年，世界上首款采用燃气涡轮发动机的喷气式客机——英国德哈维兰公司的"彗星"1号投入商业运营，成为航空工业发展史上的一块重要里程碑，也标志着民航运输新时代的来临[3]。

国际合作亦在"二战"前的民航产业发展史上扮演了重要角色，并间接推动了航空工业的发展。1929 年，多国签署了《关于统一国际航空运输某些规则的公约》（即《华沙公约》），明确了航空事故的责任归属与赔偿标准。1944 年，52 个国家共同签订了《国际民用航空公约》（即《芝加哥公约》）。该公约致力于规范国际民用航空的安全性、效率和秩序，为全球航空事业的蓬勃发展奠定了坚实的法律基础。这两大公约极大地推动了 20 世纪民航产业的繁荣，并对航空工业起到了间接的推动作用。

此外，美国政府于"一战"期间推行的一项改革措施显著促进了其国内航空工业的进步。1903 年，莱特兄弟成功试飞了世界上第一架飞机，但随后便申请了大量专利以保护自己的商业利益，这在一定程度上限制了美国航空工业的发展。第一次世界大战期间，当时的美国海军助理部长、后来成为美国总统的富兰克林·罗斯福（Franklin D. Roosevelt）有感于美国飞机制造技术的落后，推行了一项改革措施，鼓励国内主要飞机制造商将专利集中到一个共享的专利池中；加入该专利池的企业只需支付 1% 的费用，便能自由地使用池内的所有专利。此次改革打破了专利壁垒，推动了美国飞机制造业的迅猛发展，并为未来数十年美国航空工业的持续繁荣奠定了基础[4]。

二、"冷战"时期的军备竞赛

在苏联成立之前，俄国已经具备了一定的航空工业的基础，并在第一次世界大战期间尝试了飞机的批量生产。苏联成立后，政府高度重视航空工业，并在最初的两个"五年计划"期间，投入了大量资源用于建设科研院所和飞机制造厂，同时积极从国外引进先进技术[5]。例如，1936 年，苏联从美国的道格拉斯飞机公司获得了 DC-3 客机的生产许可，并在此基础上生产出了里-2 运输机[6]。在第二次世界大战期间，苏联进一步扩大了飞机的生产规模，并持续进行技术创新与改进，大幅提升了其航空工业的竞争力[7]。

"二战"一结束，"冷战"便拉开序幕，美国与苏联随即陷入了长达 40 余年的全面对峙。在这一时期，两国均对航空工业进行了大规模投资，开发出一代代性能卓越的军用飞机，这直接促进了发动机、材料、航电系统等关键技术的发展，并对民航产业产生了显著的溢出效应。但是，由于美国和苏联各自建立了一套独立的航空技术标准和产业体系，并通过贸易、援助、外交等手段对盟友施加影响，全球民航产业呈现出阵营分化的状态，西方国家的航空公司普遍采购美国及其盟友制造的飞机，而社会主义国家的航空公司则主要购买苏联制造的飞机[8]。其中，美国的波音、麦道和洛克希德·马丁三家公司，凭借在军工领域积累的技术优势以及美国政府的强力支持，一度在西方国家的商用飞机市场上占据主导地位[9]。

西欧国家虽然拥有坚实的航空工业基础，但在第二次世界大战期间遭受了重大损失。战后，英国率先推出了喷气式客机，引领了技术革新的浪潮，但在商业竞争中却难以与美国公司相匹敌。因此，欧洲各国决定联合起来，共享市场资源和技术优势，以便更有效地应对来自美国的竞争。1967年9月，英国、法国和德国政府签署了谅解备忘录，启动了空中客车A300的研发项目，后来西班牙政府也加入了这一项目。1970年12月18日，空客正式成立。在接下来的20年里，空客成功推出了多款新机型，并借助其四个创始成员国政府提供的补贴和订单，度过了市场培育的艰难时期，逐步发展成为能与波音公司相抗衡的全球航空工业巨头[10]。

三、全球化时代的商业角逐

随着"冷战"的终结，全球航空工业经历了剧烈的变革。一方面，由于军用飞机订单显著减少，航空工业面临自两次世界大战以来最严重的产能过剩。为了帮助企业渡过难关，美国政府出台了一系列旨在促进军民融合的政策，引导私人资本投向航空工业，以推动军用技术向商用飞机生产领域的转化[11]。此外，美国政府还放松了反垄断法规，推动了新一轮的并购与重组浪潮。1997年，波音公司与麦道公司合并，造就了当时世界上最大的飞机制造企业。与此同时，苏联的航空工业体系在俄罗斯实施的"休克疗法"下遭受了沉重打击，并在接下来的很长一段时间里难以重拾往日的辉煌[12]。

另一方面，由于美苏对峙结束，全球民航市场东西分割的格局被打破，这为航空工业的发展提供了新的机遇。空客抓住机会，迅速推出了多款新机型，并在欧盟及其成员国政府的帮助下积极拓展海外市场。例如，欧盟委员会强烈反对波音与麦道合并，迫使波音作出关键性让步，为空客在美国市场的扩张扫清了障碍[13]。此外，法德两国的领导人还多次开展"飞机外交"，即利用出国访问的机会推销空客的产品。在欧洲政企各界的共同努力下，空客在全球商用飞机市场的份额稳定增长。2000 年，空客的商用飞机年订单量首次超过波音。2003 年，空客的年交付量首次超过波音[10]。

至此，全球民用航空工业市场形成了波音和空客双雄并立的局面。而随着竞争的加剧，双方的生产模式也开始发生转变。自 20 世纪 90 年代末期以来，波音公司开始打破传统的垂直整合模式，试图通过外包制造部分飞机部件的方式来降低成本并加快研发进程。在 2004 年启动的 787 "梦想飞机" 计划中，波音将 70% 的设计、工程和制造任务外包给了全球 50 多个战略合作伙伴[14]。而空客为了拓展海外市场，于 2008 年在天津建立了其在欧洲以外的首条飞机总装线，并于 2012 年在美国亚拉巴马州增设了另一条飞机总装线。截至 2021 年，空客已在法国、美国、德国、英国、西班牙和中国各自发展了超过 100 家合格供应商，形成了一个遍布全球的供应商网络①。截至本书撰写之际，航空供应链的全球化趋势仍在不断深化中。

参考文献

[1] 张聚恩. 详细梳理 120 年世界航空产业 [EB/OL]. （2020 - 11 - 17）[2025 - 02 - 10]. https：//www. thepaper. cn/newsDetail_ forward_ 10027005.

[2] 张聚恩. 从航空发动机看航空动力的当下发展热点及发展历程 [EB/OL]. （2020 - 07 - 15）[2025 - 02 - 10]. https：//www. thepaper. cn/newsDetail_ forward_ 8284161.

[3] 王钟强. "彗星"：把人类带入喷气旅行时代 [J]. 大飞机，2015 （01）：86 - 88.

---

① 野马财经资本研究组，缪凌云. 空客 2500 亿元大单，和国内企业有何关系？[EB/OL]. （2022 - 07 - 11）[2025 - 02 - 10]. https：//www. jiemian. com/article/7722567. html.

［4］［美］戴维·麦卡洛，大卫·麦卡洛.莱特兄弟［M］.任烨，译.北京：中信出版社，2018.

［5］刘凡，华盾.苏联航空工业的兴衰及启示［J］.历史教学问题，2020（06）：65+105-115.

［6］白胜洁.1935—1941 年间苏联对美国的技术引进［J］.常熟理工学院学报，2012，26（05）：114-117.

［7］黎时.从劫难中重新站起——二战时期苏联航空工业［J］.大飞机，2015（05）：90-92.

［8］舒建中，秦莹.美国航空冷战政策的缘起、演进和调整（1947—1963）［J］.史学集刊，2023（02）：71-83.

［9］OLIENYK J，CARBAUGH R J. Boeing and Airbus：Duopoly in Jeopardy？［J］. Global Economy Journal，2011，11（01）：1850222.

［10］李巍，张梦琨.空客崛起的政治基础——技术整合、市场拓展与战略性企业的成长［J］.世界经济与政治，2021（11）：4-37+156.

［11］国务院发展研究中心"军民融合产业发展政策研究"课题组，马名杰，龙海波.美国推进国防科技工业军民融合发展的经验与启示［J］.发展研究，2019（02）：14-18.

［12］王钟强.嬗变与图强——俄罗斯民机工业的发展与未来［J］.大飞机，2015（02）：30-33.

［13］AKTAS N，BODT E D，LEVASSEUR M，et al. The Emerging Role of the European Commission in Merger and Acquisition Monitoring：The Boeing-McDonnell-Douglas Case ［J］. European Financial Management，2001，7（04）：447-480.

［14］LI R，LU Y. Research on the Over-outsourcing in Aviation Manufacturing Industry—Case Analysis based on the Boeing 787 ［J］. WSEAS Transactions on Business and Economics，2020，17：505-513.

第五章　美欧飞机补贴争端的过程

一、波音与空客的补贴问题

航空工业在国防、科技、政治等多个领域中扮演着至关重要的角色，对一个国家的战略地位具有深远的影响。然而，鉴于航空工业的研发周期漫长、资金需求庞大及市场风险较高，私人投资者往往对涉足这一领域持谨慎态度。因此，长期以来，美国和欧洲各国的政府均通过财政拨款、税收优惠、研发补贴等措施，对本国的航空工业进行大力支持。这些措施虽然为波音和空客成长为世界领先的飞机制造商创造了条件，但随着全球化步伐的加速和市场竞争的白热化，也引发了美欧之间持续不断的贸易争端。

在 GATT 东京回合期间，美国与欧洲国家针对飞机贸易议题进行了多轮磋商，并于 1979 年 4 月与英国、法国、德国等国在日内瓦联合签署了《关于民用航空器贸易协定》。该协定除了致力于消除关税壁垒、推动飞机及其零部件的贸易自由化，还对政府补贴、国际竞争、市场准入等问题作出了详细的规定，旨在降低政府支持对贸易的扭曲效应，确保民用航空器贸易能在公平竞争的商业环境中进行。截至本书写作之时，该协定已有 33 个签署方[1]。

此后，随着空客逐渐在市场上站稳脚跟，美国对其的忌惮与日俱增。1989

---

[1]　WTO. Agreement on Trade in Civil Aircraft［EB/OL］. (2025-01-15)［2025-02-10］. https://www.wto.org/english/tratop_e/civair_e/civair_e.htm.

年，美国在 GATT 框架下对德国提起申诉，指责德国政府向空客公司提供非法补贴，迫使德国政府取消了相关的补贴项目。随后，美国抓住这次机会，与当时的欧洲共同体（现欧盟）签订了《关于实施 GATT〈民用航空器贸易协定〉的协定》（即 1992 年的欧美航空器协定）①。该协定对双方政府授予飞机制造商的补贴额度设置了上限，其中欧盟给予空客的新飞机研发补贴不得超过总研发成本的 33%，而美国对波音的援助则被限制在该公司年销售额的 3% 以内。此外，根据该协议，双方同意提高补贴的透明度，定期且系统地共享各自政府支持大飞机产业的数据信息②。

该协议在一定程度上缓解了美欧之间的紧张局势，但并未从根源上解决双方的利益冲突。此后，随着空客的市场份额持续提升，并在 2003 年交付量首次超越波音，美国终于无法继续坐视不理。2004 年 10 月 6 日，美国单方面宣布退出 1992 年的欧美航空器协定，并要求与欧盟就其向空客提供的补贴在 WTO 争端解决机制下进行磋商。磋商期间，美国引用了欧盟公开的数据，指出在过去的 12 年里，欧盟对空客的补贴总额高达 350 亿美元，远超 1992 年的欧美航空器协定所设定的限额。美国政府表示，虽然 WTO 允许对"幼稚产业"提供适度补助，但欧盟的飞机制造业显然已不再处于"幼稚期"，因此，欧盟应当彻底停止对空客的补贴。

面对美国的指控，欧盟采取了强硬态度，于同一天要求与美国就其向波音公司提供的补贴进行磋商。欧盟指出，自 1992 年起，美国政府对波音公司的不正当补贴总额已超过 230 亿美元，其中包括由美国国家航空航天局（NASA）和国防部提供的研发资金，以及华盛顿州等地方政府提供的税收减免等。欧盟官员还声称，空客的成功并非得益于政府补贴，而是市场竞争的结果③。

---

① 罗汉伟．欧美"空战"抢市场 WTO 反补贴体制成热议焦点［N/OL］．中国经济周刊，2010-07-20［2025-02-10］．https：//news. sohu. com/20100720/n273615486. shtml.

② EUR-LEX. Agreement between the European Economic Community and the Government of the United States of America Concerning the Application of the GATT Agreement on Trade in Civil Aircraft on trade in Large Civil Aircraft［EB/OL］．（1992-10-17）［2025-02-10］．https：//eur-lex. europa. eu/eli/agree_ internation/1992/496/oj/eng.

③ 植万禄．波音空客挑起美欧贸易大战美已向世贸提起诉讼［N/OL］．北京青年报，2004-10-17［2025-02-10］．https：//finance. sina. com. cn/j/20041017/10071084554. shtml.

由于谈判破裂，2005 年 5 月 31 日，美国和欧盟分别向 WTO 争端解决机构申请成立专家组。2005 年 7 月 20 日，应美国的请求，DS316 专家组成立，负责调查欧盟对空客的补贴情况。然而，欧盟的请求却遭到推迟，于是，欧盟要求进行额外的磋商。2006 年 2 月 7 日，DS353 专家组成立，负责调查美国对波音的补贴情况。至此，一场旷日持久的飞机补贴争端进入白热化阶段。

◇ 二、WTO 法庭上的拉锯战

WTO 对成员方政府的补贴行为设定了详尽的规则。根据 1995 年生效的《补贴与反补贴措施协议》（以下简称《SCM 协议》），补贴被定义为政府或公共机构提供的财政支持，涵盖直接的资金转移（如赠款、贷款、股权投资）、潜在的资金或债务转移（如提供贷款担保）、税收减免等任何形式的收入或价格支持。这些行为必须被赋予某种利益，即接受方因此获得了比正常商业交易更为优惠的条件。若一成员方认为另一成员方实施的补贴政策对其利益造成了损害，可向 WTO 的争端解决机构提起诉讼，并在获得争端解决机构的支持后采取反补贴措施，包括征收反补贴关税、要求补贴方承诺停止或减少补贴等。

然而，WTO 并未对所有补贴采取"一刀切"的态度。实际上，WTO 将补贴细分为禁止性补贴、可诉补贴和不可诉补贴三类。禁止性补贴涵盖了出口补贴和进口替代补贴，由于它们对国际贸易造成了严重的扭曲，因此被无条件禁止。可诉补贴是指那些虽未直接违反禁令，但可能对其他成员方产生不利影响的补贴。这类补贴在一定限度内可以使用，但存在被其他成员方起诉并遭受反补贴措施的风险。至于不可诉补贴，通常是指那些被认为对贸易无负面影响的补贴，如研发补贴或环保补贴，这类补贴一般被认为是可接受的。

在实际操作中，判断一项补贴是否违反 WTO 规则，关键在于该补贴是否展现出"专向性"。根据《SCM 协议》第 2 条的规定，若一种补贴明确规定仅特定企业可获得，则被视为具有专向性；反之，若该补贴的获取资格和数量基于客观标准且不限于特定企业，则被视为不具有专向性；若某种补贴虽然不具有法律意义上的针对性，但实际上主要惠及某些特定企业，亦可能被认定为具有专向性。而专向性补贴属于可诉补贴的范畴。这意味着，如果一项补贴被认为具有专向性，并且对其他成员方的利益造成了不利影响，则该补贴可以被起诉并被采取反补贴措施。

WTO 专家组在调查美国与欧盟之间的飞机补贴争端时，特别关注了双方补贴的"专向性"问题。鉴于本案涉及的资料庞杂、程序烦琐，专家组的工作进度多次延期，直至 2010 年 6 月 30 日，应美国请求成立的 DS316 专家组才发布了调查报告。报告指出，欧盟及其四个成员国（法国、德国、西班牙和英国）在近 40 年间以多种方式向空客提供了超过 300 次的补贴；这些补贴包括成员国对新机型的"启动援助"、对基础设施项目的赠款，以及为公司重组和研发活动提供的补贴等，其中部分被认定为具有专向性。然而，报告也表明，没有确凿证据显示这些补贴对美国国内产业造成了实际损害。最终，专家组建议欧盟及其成员国在 90 天内撤销部分被裁定为非法的补贴。

欧盟和美国均对该专家组报告提出了异议，并分别启动了上诉程序。2011 年 5 月 19 日，上诉机构针对 DS316 案件发布了报告。紧接着，在 2011 年 6 月 1 日，争端解决机构采纳了上诉机构对 DS316 案件的报告以及对专家组报告所作的修改。根据这一最终裁决结果，欧盟及其四个成员国向空客公司提供了高达 180 亿美元的非法补贴，这给美国的利益带来了负面影响；基于此，争端解决机构要求欧盟调整其补贴措施，确保其与 WTO 的规则相符。

面对这一裁决，欧盟表示将迅速采取行动，调整其补贴以确保完全合规。2011 年 12 月 1 日，欧盟向争端解决机构提交了合规报告。但是，美国认为欧盟采取的措施并未完全遵守争端解决机构的裁决，于是双方发起了新一轮的磋商，并重新召集了专家组对欧盟的合规情况进行审查。2016 年 9 月 22 日，专家组出具了合规审查报告，裁定欧盟的调整措施仍未完全满足 WTO 的要求。随后，欧盟再次上诉。2018 年 5 月 28 日，争端解决机构再次通过了上诉机构报告和修改后的专家组报告。2019 年 10 月 2 日，WTO 授权美国对欧盟价值约 75 亿美元的商品和服务加征关税，作为对欧盟未完全消除违规补贴的惩罚①。

---

①　WTO. DS316：European Communities and Certain Member States—Measures Affecting Trade in Large Civil Aircraft［EB/OL］.（2020-08-21）［2025-02-10］. https：//www.wto. org/english/tratop_ e/dis-pu_ e/cases_ e/ds316_e. htm.

另一边，应欧盟请求成立的 DS353 专家组也于 2011 年 3 月 31 日发布了调查报告。然而，欧盟和美国均对该报告提出了异议，并分别启动了上诉程序。2012 年 3 月 23 日，争端解决机构采纳了上诉机构对 DS353 案件的报告以及对专家组报告所作的修改。根据这一最终判决，NASA、美国国防部以及华盛顿州等地方政府向波音公司提供的总计 53 亿美元的补贴属于专向性补贴，且严重损害了欧盟的利益；因此，争端解决机构要求美国调整其补贴措施，确保其与 WTO 的规则相符。

对于这一裁决结果，美国的回应与欧盟如出一辙。2012 年 9 月 23 日，美国提交了合规报告，但欧盟不认同。随后，欧盟于 9 月 25 日启动了磋商程序，并在 10 月 30 日成立了合规审查专家组。2017 年 6 月 9 日，合规审查专家组发布了报告，裁定美国持续违反相关规定。8 月 10 日，美国提起上诉。2019 年 4 月 11 日，争端解决机构通过了上诉机构对 DS353 案件的合规报告以及修改后的专家组报告。2020 年 10 月 15 日，WTO 授权欧盟每年对不超过 39.9 亿美元的美国商品和服务征收惩罚性关税①。

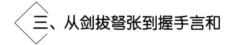

三、从剑拔弩张到握手言和

2021 年 1 月 20 日，拜登正式就任美国第 46 任总统。他上任后立即着手修复与盟友间的关系。同年 3 月 5 日，拜登与欧盟委员会主席冯德莱恩进行了电话会谈，双方就暂停执行先前商定的报复性关税达成共识。当天，美国贸易代表办公室发表声明，宣布美国与欧盟将暂停执行与大型民用飞机补贴争端相关的报复性关税措施 4 个月，并承诺通过谈判寻求一个"全面且持久"的争端解决办法②。

2021 年 6 月 15 日，美国贸易代表戴琪（Katherine Tai）和欧盟委员会负

① WTO. DS353：United States—Measures Affecting Trade in Large Civil Aircraft—Second Complaint ［EB/OL］.（2020-10-26）［2025-02-10］. https：//www. wto. org/english/tratop_e/dispu_e/cases_e/ds353_e. htm.

② 陈孟统. 美欧同意暂缓执行航空补贴争端相关报复性关税［N/OL］. 中国新闻网，2021-03-06［2025-02-11］. https：//www. chinanews. com. cn/gj/2021/03-06/9425987. shtml.

责贸易事务的执行副主席瓦尔季斯·东布罗夫斯基斯（Valdis Dombrovskis）在布鲁塞尔进行了两天的紧张谈判后，达成了与波音和空客相关的协议。双方同意暂停针对彼此的报复性关税，为期五年，并将成立工作组，通过谈判寻找解决这一争端的办法①。至此，持续17年的美欧飞机补贴争端暂告一段落。

---

① 新华网. 美欧同意暂停航空补贴争端相关报复性关税 [N/OL]. 2021－06－16 [2025－02－11]. http：//www. xinhuanet. com/2021－06／16/c_1127567496. htm.

第六章　美欧飞机补贴争端的影响与启示

一、对全球航空工业竞争格局的影响

美国与欧盟之间因飞机补贴问题发生的摩擦可追溯至 20 世纪 70 年代，至今仍未完全平息。在此期间，空客从一个后起之秀，逐步成长为与"老前辈"波音并驾齐驱的巨头，近年来更是在与波音的竞争中频频占据上风①。空客的成就，一方面得益于其与时俱进的商业策略，另一方面也归功于欧洲各国政府的鼎力支持。在空客成立初期，四个创始成员国的政府不仅投入巨资帮助其开发新机型，还通过国有航空公司下达了大量订单[1]。20 世纪 90 年代以后，受到与美国的双边协议的限制，欧洲各国在对空客提供补贴时变得更加谨慎，但补贴的规模依旧可观。可以说，没有欧洲各国数十年如一日的援助，就没有空客今天的辉煌成就。

此外，欧共体及其后继者欧盟，在谈判桌上与美国展开了旷日持久的博弈，成功地遏制了美国的攻势，为空客的持续发展赢得了宝贵的时间。美国方面，因顾虑单边制裁可能招致报复性措施，进而损害波音在欧洲市场的既得利益，不得不在 GATT 和 WTO 的框架下与欧盟展开法律拉锯战[2]。在某种意义

---

① FLECK A. Airbus Beats Boeing for Deliveries in 2024 ［EB/OL］. （2024-08-08）［2025-02-11］. https：//www. statista. com/chart/32078/quarterly-commercial-aircraft-deliveries-by-airbus-and-boeing/.

上说，美欧之间的飞机补贴争端没有演化成一场全面的贸易战，在很大程度上得益于欧洲在经济和政治一体化进程中所做出的努力，让其在面对美国时拥有了充足的谈判资本。

而在地球的另一端，另一场领先者与追赶者之间的较量——美日半导体贸易摩擦，却以截然不同的结果收场。有学者指出，日本在这场贸易战中失利的原因，除了政府立场摇摆不定外，更在于其国内市场狭小且较为封闭，对美国企业的吸引力不足，难以提供有力的谈判筹码[3]。美欧与美日两个案例的对比，生动地阐释了坚定的政治意志和庞大的国内市场对后来者实现追赶的重要性。这一点对当今的中国以及其他发展中国家而言，无疑具有深刻的启示意义。

近年来，波音与空客决定搁置多年争端，其背后是严峻的经济现实。空客在 21 世纪初推出的"世界最大宽体客机"A380，由于市场反应欠佳，宣布于2021 年停产①。2019 年，波音的热门机型 737MAX 因连续发生致命空难而被全球范围内的航空公司停飞②。尽管后来 737MAX 在大多数主要市场获得了复飞许可，但这一事件已给波音的声誉和市场份额造成了难以挽回的打击③。2020 年暴发的新冠病毒感染疫情更是对全球航空业造成了严重冲击，波音和空客均因此蒙受了巨额损失④。在这样的背景下，双方选择搁置争议、谋求共同发展，显然更加符合彼此的利益。

此外，在波音与空客激烈斗争的同时，新的竞争者已经悄然崛起。中国商飞推出的首款大型客机 C919 已于 2017 年成功首飞，并在 2023 年正式开始商业化运营。截至 2024 年，C919 的累计订单量已超过 1400 架⑤。根据相关预

---

① 陈姗姗.2021 年停产，巨无霸空客 380 为什么"英年早逝"［N/OL］.第一财经，2019-02-14［2025-02-10］.https：//www.yicai.com/news/100116486.html.

② 姚晓岚.48 国全面禁飞波音 737MAX8：全球仅剩 7 家航司还在飞［N/OL］.澎湃新闻，2019-03-13［2025-02-10］.https：//www.thepaper.cn/newsDetail_forward_3127774.

③ 李巍，林震宇.波音坠落：折射美国制造业之困——全球民航战略观察（1）［N/OL］.财新网，2019-12-11［2025-02-10］.https：//opinion.caixin.com/2019-12-11/101492980.html.

④ 李曦子.从最强对手变成难兄难弟：波音股价暴跌还有巨额索赔，空客面临生死存亡［N/OL］.国际金融报，2020-04-28［2025-02-10］.https：//www.ifnews.com/news.html？aid=78857.

⑤ 华泰证券研究所.24 年 C919 交付超预期，产能建设提速［EB/OL］.（2025-02-07）［2025-02-10］.https：//finance.sina.com.cn/stock/stockzmt/2025-02-07/doc-ineirfqh0822800.shtml.

测，2043 年中国将成为全球最大的航空市场①，届时中国商飞的市场份额有望进一步增长。

除中国外，多个新兴市场国家也在积极发展本国的航空工业。2022 年 6 月 27 日，俄罗斯政府宣布计划在 2030 年以前投入 7700 亿卢布（约合 847 亿元人民币），以促进航空运输业和航空工业的发展。在这笔资金中，4000 亿卢布（约合 440 亿元人民币）将专门用于制造国产飞机，目标是生产超过 1000 架国产飞机，并将国产飞机在俄罗斯国内市场的份额从 2021 年的 31% 提升至 81%②。此外，巴西航空工业公司（Embraer）生产的喷气式支线客机自 20 世纪末以来便风靡全球。近年来，随着另一家支线飞机制造商——加拿大庞巴迪公司（Bombardier）退出民用航空市场，巴西航空工业公司的市场地位有望得到进一步巩固[4]。

展望未来，中国及其他新兴市场国家在发展本土航空工业时，很可能会遭遇美国和欧盟的反补贴调查。空客的经验表明，在航空工业这一高风险、大投资、长周期的战略性产业中，后来者若要突破行业巨头的垄断地位，政府的支持和保护必不可少。然而，WTO 对补贴和政府采购等问题设定了严格的规则，这在很大程度上限制了后发国家在该领域实现赶超的可能性。正如美欧之间的飞机补贴争端所显示的，后发国家若试图通过补贴和保护措施来发展本国的航空产业，很可能会遭遇来自先发国家的制裁。鉴于这一风险，中国及其他发展中国家有必要提前规划好补贴的种类，尽量减少可能引发贸易争端的补贴，为国内航天工业的健康发展铺平道路[5]。

二、国际贸易规则与补贴政策的再思考

补贴在国际贸易规则中是一个极具争议性的话题。一方面，成员方政府推

---

① 王君妍. 空客预测 2043 年中国将成为全球最大航空服务市场［N/OL］. 中国新闻网，2024-12-19［2025-02-10］. https://www.chinanews.com.cn/cj/2024/12-19/10339086.shtml.

② 贾晨雨，王元元. 中国航空研究院：俄罗斯发布 2030 年航空发展规划，强调加速航空工业国产化进程［EB/OL］.（2022-07-17）［2025-02-10］. https://www.163.com/dy/article/HCFFMLE50530G3Q7.html.

行的补贴政策可能导致市场扭曲，降低资源配置效率，进而引发贸易不公，并损害其他国家（地区）的利益；另一方面，补贴能激发创新活力，加速"幼稚产业"的成长，这对提升国民收入、增强综合国力至关重要。考虑到补贴的积极面，WTO 的《SCM 协议》对各种补贴进行了细致的分类，明确规定了哪些补贴是允许的、哪些是禁止的，旨在引导各国（地区）政府合理运用补贴，减少贸易摩擦。然而，由于存在"可诉补贴"这一"灰色地带"，在实际操作中如何恰当地运用补贴，即使对美国和欧盟这样经验丰富的 WTO 成员来说，依然是一项挑战。此外，对于那些希望实施追赶战略但财力有限的发展中经济体而言，集中资源支持少数几个战略性产业的做法无疑是最具性价比的，但这种做法与《SCM 协议》中关于补贴专向性的规定相冲突，可能会引来贸易伙伴的反补贴措施。如何在维护贸易的公正性与保障后发经济体的发展权之间找到平衡点，对于 WTO 规则的制定者来说，无疑是一个值得深思的问题。

美欧之间这场旷日持久的飞机补贴争端同样引发了对 WTO 争端解决机制的有效性的质疑。美国和欧盟于 2004 年在 WTO 框架下就飞机补贴问题发起互诉，但直到 2019 年和 2020 年，双方才分别获得对彼此实施反补贴措施的授权。诚然，案件的复杂性是导致审理时间延长的原因之一，但双方利用上诉机制刻意实施拖延战术，才是导致案件进展缓慢的根本原因。这一事件充分揭示，原本旨在保护成员方利益的 WTO 上诉机制，有可能沦为某些成员方用来敷衍塞责、规避惩罚的工具。这不仅会严重削弱 WTO 的有效性，也凸显了 WTO 改革的必要性。

实际上，自 2019 年 12 月 11 日起，WTO 上诉机构因美国持续阻挠法官遴选程序而陷入停摆状态。自那时起，WTO 成员方发起的贸易争端解决程序的请求数量显著下降。据统计，1996—2019 年，WTO 成员方平均每年提出 23.7 项争端解决程序请求，而自 2019 年 12 月以来，新争端申请的数量降至平均每年 7.3 起。与此同时，众多经济体开始采取单边贸易措施，这导致全球限制性贸易政策的数量比前十年的平均水平翻了一番①。更有甚者，某些成员方利用上诉机构的停摆，采取策略性的"无效上诉"，将特定案件悬置在未决状

① 冯迪凡．WTO 上诉机构停摆近 4 年，全球贸易"裁判"还能归位吗？［N/OL］．第一财经，2023-08-31［2025-02-10］．https：//www.yicai.com/news/101848811.html.

态，以此来阻碍对己方不利的裁决的执行①。总之，WTO上诉机构的停摆造成了种种乱象，对全球贸易环境的稳定性和可预测性造成了严重的负面影响。但是，对那些希望通过产业补贴来实施追赶战略的后发经济体来说，这种状况究竟是风险还是机遇，目前还难以明确判断。

参考文献

［1］李巍，张梦琨.空客崛起的政治基础——技术整合、市场拓展与战略性企业的成长［J］.世界经济与政治，2021（11）：4-37+156.

［2］［英］史蒂文·麦奎尔.冲突与妥协：空中客车与美欧贸易关系［M］.张小光，黄祖欢，译.上海：上海交通大学出版社，2022.

［3］［日］鹫尾友春.日美博弈战［M］.孙律，译.北京：中国友谊出版公司，2021.

［4］曲小.巴西航空工业的发展与转型［J］.大飞机，2024（08）：37-40.

［5］张超汉，刘静.WTO框架下美国大飞机补贴实证研究——以"欧盟诉美国大飞机补贴案"为例［J］.国际经贸探索，2020，36（04）：89-99.

---

① 冯迪凡.美日欧加等在WTO"敲打"印度：为何总搞无效上诉？［N/OL］.第一财经，2023-05-31［2025-02-10］.https://www.yicai.com/news/101771074.html.

数字主权保卫战——虚拟疆界的争夺

数字经济这一新兴的经济形态，正以前所未有的速度重塑着全球经济版图。数字经济的核心要义在于以数字化的知识和信息作为关键生产要素，以现代信息网络为主要载体，借助信息技术来推动经济的全面转型升级。电子商务、数字金融、在线教育、智能制造等，都是数字经济的不同表现形式。

自 2008 年金融危机以来，全球经济普遍遭遇增长乏力的困境，而数字技术的迅猛发展成为少数亮点之一，为全球经济注入了崭新的活力。在发展中国家，电子商务正在助力数以百万计的中小企业转变为"微型跨国公司"，而数字金融为这些企业提供了至关重要的营运资本和贸易融资，使它们得以迅速成长。在线教育打破了教育资源的地理限制，提高了获得教育机会的公平性，对于缩小"数字鸿沟"——即发展中国家和发达国家在数字技术和创新能力之间的差距——具有重大意义。而智能制造通过将物联网、大数据、人工智能等技术应用于工业生产，实现了生产过程智能化，进而提高了生产效率，推动了产业升级和创新发展。展望未来，随着数字技术的进一步发展，数字经济有望在全球范围内对商业和社会产生更加深远的影响。

然而，就在数字经济这样一个关键领域，美国与欧盟之间却爆发了严重的分歧。随着时间的推移，这种分歧非但没有缓和的迹象，反而呈现愈演愈烈之势。二者竞相向全球推行自身的数字治理体系，导致其他国家（地区）陷入无所适从的境地，这给全球数字经济的发展带来了极大的不确定性。为了剖析这一争端的根源及其演进的内在逻辑，我们必须从历史的角度审视数字经济的发展轨迹，从中找寻问题的答案。

第七章　美国"数字霸权"的诞生

一、美国数字产业的发展历程

数字经济领域的三大基础技术——计算机、互联网和半导体——的早期发展均与美国的军事应用密切相关。具体来说，现代计算机的起源可追溯至第二次世界大战期间，当时主要被美国及其盟国用于破解敌方密码和计算火炮弹道[1]。半导体技术的发展始于 20 世纪 50 年代，它主要满足了美国在"二战"后的全球军事扩张和航天计划中对武器和设备的需求[2]。互联网技术起源于 20 世纪 60 年代，由美国国防部资助的 ARPANET 项目所推动。该项目最初旨在满足军事需求，随后其应用范围扩展至民用领域[3]。

美国凭借在数字技术领域的先发优势，奠定了其在全球数字经济中的主导地位。以 IBM 和德州仪器（Texas Instruments）公司为例，它们在 20 世纪 50 年代和 60 年代早期通过与美国军方的合作实现了跨越式发展，并于 20 世纪 60 年代末期成功地将业务拓展至民用市场；时至今日，这两家公司仍然在计算机和半导体行业占据重要地位[4]。而强大的数字产业也孕育出了如斯坦福大学、麻省理工学院等顶尖的教育科研机构，为数字技术的持续创新提供了坚实的理论基础和丰富的人才资源。自 20 世纪 70 年代中期以来，微软、苹果等新一代数字企业的蓬勃发展，与这些顶尖高校提供的人才支持密不可分[5]。

美国在数字产业的地位也曾遭遇过挑战。20 世纪 80 年代中期，日本半导体产业崛起，对美国企业在全球半导体市场中的主导地位构成威胁。对此，美国采取了双管齐下的策略：一方面，对日本发起贸易战，利用外交和政治手段迫使日本接受"最低出口价格"，削弱日本半导体产品在国际市场的竞争力；另一方面，在国内建立公私合作的研发机构——半导体制造技术研究联盟（Sematech），致力于攻克关键技术难题，增强美国半导体产业的竞争力。最终，这些举措成功地扭转了美国企业的劣势，帮助美国从日本手中夺回了国际半导体市场的主导权[6]。

自 1990 年以来，随着"冷战"的结束和信息技术的飞速发展，美国的数字企业开始在全球范围内迅速扩张。在互联网巨大的规模经济效应的推动下，美国数字企业的领先优势得以进一步扩大，谷歌、脸书、亚马逊等美国公司成为全球搜索、社交、电商等领域的"领头羊"。而数字产业的迅猛发展也为美国经济注入了强劲的动力。美国商务部经济分析局的数据显示，在 1998—2017 年，除了全球经济危机的年份，美国数字经济部门的平均增速是 GDP 增速的 4 倍；2017 年，数字经济对美国 GDP 增长的直接贡献率高达 25%。到了2021 年，美国数字产业的增加值更是达到 2.41 万亿美元，相当于美国 GDP的 10.3%[7]。

二、美国的全球数据治理体系

美国的全球数据治理体系呈现出几个明显的特征：首先，美国国内的数据保护法规比较碎片化，缺乏一部专门的、全国性的数据保护法律。与数据保护相关的规定分散在多个行业的法规中，例如，医疗行业的《健康保险流通与责任法案》和金融行业的《金融服务现代化法案》等。在州级层面，只有加利福尼亚州、科罗拉多州和弗吉尼亚州等少数州通过并实施了与消费者数据隐私保护相关的法律。总体而言，美国的数据监管标准相对宽松，对企业干预较少，这与美国大型数字企业的利益诉求相契合[8]。

其次，在国际数据治理合作的舞台上，美国政府一贯将本国利益放在首位，并通过多种策略影响其他国家的数据治理政策和实践。具体而言，美国政府采取了双管齐下的策略：一方面，在双边或诸边贸易协定中融入其数据治理原则，例如，在《美墨加协定》（USMCA）和《美国—日本数字贸易协定》中，纳入禁止数据本地化、保障跨境数据流动自由等规定[9][10]；另一方面，在多边合作组织中积极推广其数据治理标准，如在亚太经济合作组织（APEC）和《跨太平洋伙伴关系协定》（TPP）的框架内，大力倡导跨境隐私规则体系（Cross-border Privacy Rules）。该体系基于企业的自愿遵守和第三方认证，为数据跨境传输提供了便利途径[11]。这些措施在很大程度上保障了美国大型数字企业在全球范围内自由地收集、处理和利用数据资源，从而有助于巩固美国在数字领域的领先地位。

随着美国数字企业在全球范围内建立起市场影响力，美国政府也开始利用这些企业实现其国家安全目标。2013年，"棱镜门"事件爆发。时任美国中央情报局雇员斯诺登揭露了一个令人震惊的事实：自2007年起，美国情报机构已经接入了包括微软、谷歌、苹果在内的九家互联网巨头的服务器，对外国公民的电子邮件、聊天记录等私人信息进行实时监控。据媒体披露，时任德国总理默克尔已被美国情报机构监听了十几年之久。这一丑闻引发了欧洲各国的强烈抗议，时任法国总统奥朗德要求美国立即停止监听行为①。

面对盟友的责难，美国政府援引《涉外情报监视法案》"702条款"为自己的行为辩解。《涉外情报监视法案》颁布于1978年，其初衷是为防止美国行政部门滥用权力、任意监听。2008年，美国对该法案进行了修订，增加第702条为正式条款。该条款授权美国国家安全局和联邦调查局等情报机构，可以在不经法院许可的情况下对位于美国境外的外国公民开展监控，以搜集涉及恐怖主义、大规模杀伤性武器等与美国国家安全相关的情报。美国凭借此条款在全球范围内大规模搜集情报，遂引发了震惊世界的"棱镜门"事件②。

面对国际社会的谴责，美国不仅没有收敛其行为，反而变本加厉。2018年3月，美国出台了《澄清境外数据合法使用法案》（Clarifying Lawful Over-

---

① 朱瑞卿. 解读美国"棱镜门"事件［EB/OL］. 新华网，（2013－06－05）［2025－02－11］. https：//www.xinhuanet.com/world/ljm2013/jd.htm.

② 林子涵. 美国还想给监听法案"续命"？［N/OL］. 人民日报海外版，2023－04－04［2025－02－11］. https：//china.chinadaily.com.cn/a/202304/04/WS642b8ab9a3102ada8b236b81.html.

seas Use of Data Act，以下简称《CLOUD 法案》）。该法案授权联邦执法部门通过传票或搜查令等方式，强制要求美国的科技公司提供存储在其服务器上的数据，无论这些数据位于美国境内还是境外。该法案在全球范围内激起了广泛的反对声音。例如，欧盟认为它与欧盟的《通用数据保护条例》（GDPR）存在冲突，可能对欧盟公民的数据隐私构成威胁[12]。

《CLOUD 法案》出台当月爆发的"剑桥分析"丑闻再次给美国科技公司的声誉沉重一击。剑桥分析公司是一家英国的政治咨询公司，该公司在脸书平台上推出了一款性格测试应用，诱使大约 27 万名用户同意其收集个人信息，进而获取这些用户的好友列表，最终非法收集了约 8700 万名用户的信息，并利用这些数据进行精准的政治广告投放。该公司在 2016 年美国大选中为特朗普团队提供服务，并被指责参与了支持英国脱欧的活动。此事一经披露，立即在全球政坛引起了轩然大波。多名欧盟官员指责脸书公司对用户数据保护不力，这不仅侵犯了公民的个人隐私权，还给民主制度的公正性和合法性构成了威胁。随后，欧洲议会启动了对脸书和剑桥分析公司的全面调查。最终，脸书向各国监管机构缴纳了数十亿美元的罚款，剑桥分析公司则以破产而告终①。

三、美国"数字霸权"的特点及影响

美国"数字霸权"呈现两大鲜明特色：第一，它是美国政府与产业界通力合作的结果。回顾美国数字产业的发展历程，我们可以看到，其全球领导地位的确立，既得益于深厚的技术和人才积累，也离不开美国政府的积极作为。从国防采购到公私研发联盟，从打击外国竞争对手到推动数据跨境流动自由化，美国政府的每一步战略，都在为本国数字产业的发展铺平道路。而这些企业也"投桃报李"，利用其全球影响力承担起了执行美国国家意志的任务，从而与政府形成了紧密的共生关系。据《纽约时报》报道，仅在 2021 年，就有

---

① 李润泽子，杨婧文．涉及 8700 万用户个人信息，Facebook 就剑桥分析数据泄露丑闻达成和解 [N/OL].21 世纪经济报道，2022 - 08 - 29 ［2025 - 02 - 11］．https：//news.qq.com/rain/a/20220829 A09VRX00.

23万个"外国目标"在美国电信运营商和互联网企业的协助下，成为美国情报机构的监控对象①。

第二，美国的"数字霸权"有着强烈的单边主义色彩。不管是美国情报部门对他国（地区）公民和首脑的广泛监听，还是美国政府在全球范围内推动跨境数据流动自由化，本质上都是将美国的政治和经济利益置于其他国家（地区）的利益之上。美国的这种单边主义行为激起了其他国家（地区）的强烈不满，从中国到欧盟再到俄罗斯，各大经济体都开始寻求技术独立，以降低对美国数字技术的依赖、摆脱美国政府的影响。以欧盟为例，近年来借"数字主权"的名义，提高了数据保护的立法标准，并加大了对本土数字产业的扶持力度。而欧盟的一些措施也引发了美国的不满和反制，这进一步加剧了全球数字经济领域的动荡与摩擦。

参考文献

［1］赵阵.军事需求对计算机诞生发展的促进［J］.自然辩证法通讯，2017，39（04）：93-98.

［2］于燮康.集成电路产业政策上国外先进的经验和教训［J］.中国电子商情（基础电子），2008（11）：24+26+28.

［3］金文恺，彭筱军.基于口述史辨析互联网诞生的五大历史争议［J］.汕头大学学报（人文社会科学版），2019，35（12）：76-84.

［4］RUTTAN V W. Is War Necessary for Economic Growth? Military Procure-ment and Technology Development［M/OL］. New York：Oxford University Press，2006［2025-02-11］. https：//academic. oup. com/book/8022.

［5］王文礼.斯坦福大学协同创新的成功经验和启示［J］.学术论坛，2015，38（02）：154-160.

［6］［日］鹫尾友春.日美博弈战［M］. 孙律，译.北京：中国友谊出版公司，2021.

---

① SAVAGE C. Security Agencies and Congress Brace for Fight over Expiring Surveillance Law ［N/OL］. The New York Times，2023-02-27［2024-11-11］. https：www. nytimes. com/article/warrant-lesss-surveillance-section-702. html.

［7］STRASSNER E H，NICHOLSON J R. Measuring the Digital Economy in the United States ［J］. Statistical Journal of the IAOS，2020，36（03）：647-655.

［8］袁卫平，卞丽娟.美国数据隐私立法发展及对数字经济的启示［J］.江苏通信，2022，38（06）：87-89+95.

［9］周念利，陈寰琦.基于《美墨加协定》分析数字贸易规则"美式模板"的深化及扩展［J］.国际贸易问题，2019（09）：1-11.

［10］周念利，吴希贤.美式数字贸易规则的发展演进研究——基于《美日数字贸易协定》的视角［J］.亚太经济，2020（02）：44-51+150.

［11］弓永钦，王健.APEC跨境隐私规则体系与我国的对策［J］.国际贸易，2014（03）：30-35.

［12］王燕.数据法域外适用及其冲突与应对——以欧盟《通用数据保护条例》与美国《澄清域外合法使用数据法》为例［J］.比较法研究，2023（01）：187-200.

第八章　欧洲数字主权的崛起

◇ **一、数字主权的内涵与背景**

  "数字主权"这一术语早在 21 世纪初就已出现在欧洲各国的公共话语中，但直到 2020 年，欧洲议会发布的《欧洲数字主权》报告才对其做出一个全面的阐述。该报告将数字主权定义为欧洲国家在数字世界中独立自主行动的能力；为了培育这种能力，欧盟需要在多方面采取行动，包括加强数据安全立法、改善数字市场竞争环境、支持本土数字产业、建立本土云设施等。该报告特别强调，在与非欧盟公司合作时，欧盟应具备控制数据、算法和数字基础设施的能力，以此来保障其在数字领域的安全，进而推动发展、创造价值[1]。

  欧盟提出数字主权战略的背后有着多重动机。如果说"棱镜门"事件和"剑桥分析"丑闻让其认识到了保护数字安全的重要性，那么新冠病毒感染疫情的暴发则让其进一步体会到了提升数字能力的迫切性。新冠病毒感染疫情期间，随着大量经济活动被迫转向线上，各国（地区）对数字服务的需求猛增。但是，由于欧洲本土企业的技术能力有限，各国政府和民众不得不依赖美国科技巨头提供的远程办公、线上教育和移动支付等数字解决方案，以维持经济和社会生活的正常运转①。疫情过后，欧洲政界和商界开始反思自身在数字技术

---

  ①　刘霞. 欧洲应实现"数字主权"，降低对美国科技巨头的依赖［N/OL］. 科技日报，2020-12-11［2025-02-11］. https：//tech. china. com/article/20201211/20201211671795. html.

上的不足。根据欧盟联合研究中心（JRC）和经济合作与发展组织（OECD）发布的一份报告，欧洲企业在人工智能、信息与通信技术、半导体等关键领域的表现均逊色于美国和中国的同行[2]。这一差距促使欧盟积极采取行动，以提升自身的数字能力和战略自主性。

二、欧盟的数字立法行动

欧盟通过一系列立法措施来维护其"数字主权"，以确保数据安全以及数字市场的公平竞争。三部具有里程碑意义的法案——《通用数据保护条例》（GDPR）、《数字服务法》（DSA）和《数字市场法》（DMA）——共同构成了欧盟数字立法的核心框架。这些法案不仅为个人数据保护、在线平台责任和市场竞争设定了高标准，还对违规企业施加了严格的惩罚措施，包括巨额罚款和潜在的市场禁入。接下来，我们将深入探讨这些法案的具体内容、实施成效及潜在影响。

在上述三部法案中，最为关键的是《通用数据保护条例》。该条例于2016年4月由欧洲议会和欧盟理事会通过，并在2018年5月正式生效。它明确规定了企业在收集、储存和处理个人数据时必须遵循的一系列原则，并赋予了数据主体知情权、删除权、数据可移植权等多项权利，强化了个人对其数据的控制。此外，GDPR还设立了数据保护机构网络，促进了各成员方之间的合作与协调，以确保数据保护法规的一致性和有效执行。GDPR的出台加强了欧盟内部的数据保护，构筑了欧盟数字治理体系的基础。

《通用数据保护条例》不仅对全球数字产业产生了深远的影响，也为其他国家（地区）的数据保护立法树立了标杆。一方面，该条例具有域外效力，也就是说，无论企业是否位于欧盟境内，只要其处理欧盟公民的个人数据，就必须遵循该条例的规定。另一方面，该条例引入了"充分性认定"（Adequacy Decision）机制，旨在促进欧盟数据安全标准的全球普及。具体而言，这一机制可以验证某国（地区）的数据保护标准是否与欧盟相当；一旦某国（地区）通过充分性认定，其企业便能直接处理来自欧盟公民的个人数据，无须通过额外的申请和审批程序。与先前的跨境个人数据传输协议，如标准合同条款（Standard Contractual Clauses）相比，充分性认定机制更为简便、高效，有助于推动跨境数字业务的发展。因此，那些希望利用欧盟庞大的数字市场来发展本土数字产业的国家（地区），将有强烈的动机采纳欧盟的数据安全标准[3]。

与适用于所有数字企业的《通用数据保护条例》不同，2022年通过的《数字服务法》和《数字市场法》专注于对大型互联网平台的监管。其中，《数字服务法》着重于强化社交网络、电商平台、应用商店等在线平台和中介机构的责任，目标是减少网络中的非法和有害内容，同时提升数字服务的透明度和可信度[4]。而《数字市场法》旨在营造一个公平的市场环境，使更多企业能够参与竞争，并确保消费者的选择权和利益得到保障。特别值得一提的是，欧盟委员会根据《数字市场法》，将 Alphabet（谷歌母公司）、亚马逊、苹果、Meta、微软及字节跳动六家大型平台企业认定为数字市场的"守门人"，对其实施更为严格的监管措施。这些措施包括禁止滥用市场主导地位以压制或并购竞争对手、禁止未经用户同意强行推送广告或安装软件，以及禁止将收集的用户数据用于未经授权的其他用途等[5]。总而言之，这两项法案致力于促进欧洲数字市场的增长、竞争与创新，对全球数字治理产生了深远的影响。

以上三部法案均设置了较高的处罚标准。其中，《通用数据保护条例》针对一般性违法行为设定的罚款上限为1000万欧元或企业全球年营收的2%，以较高者为准；对于严重违法行为，罚款上限提高至前述数额的两倍。根据非政府组织 Privacy Affairs 的统计，截至2023年5月22日，欧盟各国的数据监管机构共执行了1701起 GDPR 违规处罚。其中，爱尔兰数据保护委员会对脸书母公司 Meta 开出的12亿欧元罚款，是 GDPR 实施近五年来最高的一笔。此外，Uber、谷歌、亚马逊等美国大型互联网公司也因违反 GDPR 的相关规定，被处以数千万至数亿欧元不等的罚款①。

违反《数字服务法》的企业则可能遭受高达其全球年营业额6%的巨额罚

---

① Privacy Affairs. GDPR Fines Tracker & Statistics[EB/OL]. (2023-05-22)[2025-02-11]. https://www.privacyaffairs.com/gdpr-fines/.

款，屡次严重违规的企业甚至可能被禁止在欧盟单一市场内运营。2023 年
7 月，欧盟委员会初步裁定，社交媒体公司 X 在广告透明度等方面存在问题，
违反了欧盟的《数字服务法》①。2024 年 2 月，欧盟委员会对字节跳动旗下的
TikTok 展开了调查，旨在评估该平台是否在未成年人保护、广告透明度、研究
人员数据访问、成瘾设计和有害内容风险管理等方面违反了《数字服务法》。
一旦被判定违法，这两家公司可能面临最高额度的罚款。据报道，TikTok 为了
应对可能的处罚，已在其财务报表中计提了 10 亿美元②。

《数字市场法》的惩罚力度在三部法案中首屈一指。依据该法案，违规企
业可能面临高达其全球年营业额 10%的罚款，对于屡次违规者，这一数字可增
至 20%，或定期处以最高达平均日收入 5%的罚款。迄今为止，该法案对苹果
公司的影响最大。自 2024 年 3 月起，苹果公司将开放其生态系统，允许欧洲
用户通过第三方下载应用，而不再仅限于苹果自家的应用商店③。此外，欧盟
委员会还对苹果公司施加了 18 亿欧元的巨额罚款，理由是苹果在其平台上压
制音乐流媒体竞争对手④。2024 年 6 月，欧盟委员会再次指控苹果公司，称其
阻止应用开发者向用户介绍苹果生态系统之外的支付选项，违反了《数字市
场法》的相关规定。若苹果公司再次被判定违规，可能将面临高达 400 亿美元
的巨额罚款⑤。

这三部法案的实施引发了众多反对意见。GDPR 因其覆盖面最广，引发的
争议最多。其批评者指出，它限制了跨境数据传输，增加了企业的合规成本，
对创新和技术发展构成了阻碍，对中小企业的影响尤为严重。麻省理工学院的
学者的一项研究表明，GDPR 的实施导致欧盟企业的数据存储量减少了 26%，

① 央视财经. 或面临巨额罚款！欧盟初步认定 X 公司违反《数字服务法》[N/OL]. 2024-07-13 [2025-02-11]. https：//app. xinhuanet. com/news/article. html？ articleId=4f3ef02b-abcb-4280-a62f-5c759a0ea057.

② 远洋. TikTok 去年欧洲区收入近 46 亿美元，已预支 10 亿美元应对潜在罚款 [N/OL]. IT 之家，2024-10-15 [2025-02-11]. https：//www. ithome. com/0/802/358. htm.

③ 胡含嫣. 重大让步！苹果允许欧盟用户通过第三方下载应用，下调抽成比例 [N/OL]. 澎湃新闻，2024-01-26 [2025-02-10]. https：//www. thepaper. cn/newsDetail_forward_26151384.

④ 张兆卿. 欧盟对苹果公司开出逾 18 亿欧元罚单[N/OL]. 2024-03-15 [2025-02-11]. https：//www. xinhuanet. com/world/20240305/74081c46c1034494a2377412a72aef5a/c. html.

⑤ 钱伯彦. 欧盟初步裁定苹果在线应用商店违规，或罚款 400 亿美元 [N/OL]. 界面新闻，2024-06-25 [2025-02-11]. https：//news. qq. com/rain/a/20240625A018TV00.

数据处理量减少了 15%，平均数据成本增加了 20%[6]。基于谷歌应用商店（Google Play）的一项研究也发现，GDPR 的实施让欧盟市场上可用的应用程序减少了约 1/3，新应用的创建减少了近一半[7]。另外，一项基于 Crunchbase（一个提供早期初创企业信息的平台）的研究显示，GDPR 实施后，欧盟的科技初创企业获得的风险投资在短期内下降了 26.5%[8]。

支持者则认为 GDPR 产生的长期收益将超过其短期成本。首先，该条例的实施显著降低了数据泄露的可能性，这不仅带来了巨大的社会收益，也降低了企业面对的法律风险。据估算，GDPR 的实施导致每年泄露的数据减少了 3400 万条，为企业减免了 2.05 亿~5.61 亿美元的罚款与合规支出[9]。此外，GDPR 对数据可移植性的规定赋予了用户更大的控制权，使他们能够轻松地将个人数据从一个平台迁往另一个平台，这对打破在位平台的垄断、激发市场创新有着重要意义。

虽然其效果存在争议，但 GDPR 已经赢得了一些非欧盟国家的认同和效仿。例如，日本和韩国分别在 2020 年和 2023 年修订了本国的《个人信息保护法》，目的是使本国的数据保护法律框架和执行力度与 GDPR 保持一致，以满足欧盟的"充分性认定"机制。截至本书写作之日，全球已有 15 个国家（地区）通过了 GDPR 的充分性认定，包括安道尔公国、阿根廷、加拿大（仅限商业机构）、法罗群岛、根西岛、以色列、马恩岛、日本、泽西岛、新西兰、韩国、瑞士、英国、乌拉圭和美国（仅限参与《美欧数据隐私框架》的商业机构）①。

值得一提的是，在前述三部法案之后，欧盟又推出了两项新的数据法案。其中，《数据治理法》于 2022 年 6 月 23 日生效，并于 2023 年 9 月开始执行，其目的在于通过建立信任和数据共享机制，提升数据的可获取性，特别是促进公共部门与私营部门之间的数据交换。《数据法》则于 2024 年 1 月 11 日正式生效，并将于 2025 年 9 月 12 日开始施行，它制定了明确的规则，以便用户更便捷地获取和共享数据，并在紧急情况下授权公共部门访问私营部门的数据。

---

① European Commission. Adequacy Decisions［EB/OL］.（2024-10-09）［2025-02-11］. https：//commission. europa. eu/law/law-topic/data-protection/international-dimension-data-protection/adequacy-decisions_ en.

与《通用数据保护条例》相比，这两项法案更侧重于推动数据流通与共享，旨在激发数据市场活力。由于时日尚短，其实施成效尚待后续观察。

三、欧洲的数字化转型战略

除了加强立法措施，欧盟还致力于推动数字市场的构建、完善数字基础设施以及提升民众数字技能。2015 年，欧盟提出了"单一数字市场"战略，旨在消除欧盟内部的数字贸易障碍，构建统一的数字市场环境。为了实现这一目标，欧盟采取了一系列措施，包括积极推进高速宽带和 5G 网络的普及、确保数据安全和公民隐私，以及鼓励数字创新和创业活动等。《通用数据保护条例》的出台就是该战略的一大成果[10]。

2021 年，欧盟委员会提出"数字十年"（Digital Decade）计划，旨在通过数字化转型，加强欧洲的数字主权、弹性和竞争力，确保欧洲在全球数字经济中的领导地位。该计划包括多项雄心勃勃的目标：到 2030 年，培养出 2000 万名信息通信技术（ICT）专家，并确保至少 80% 的 16~74 岁人口掌握基本的数字技能；实现千兆网络覆盖所有欧洲家庭，5G 网络覆盖人口密集地区，并部署 10000 个气候中和、安全可靠的边缘/云节点；到 2030 年，预计 75% 的欧洲企业将采用云计算、大数据和人工智能技术，90% 以上的中小企业至少达到基本数字化水平；实现所有关键公共服务的在线服务，确保 100% 的欧洲公民能够访问自己的电子医疗记录①。

为确保数字化转型的顺利进行，欧盟委员会投入了巨额资金。其中，复苏与韧性基金（RRF）尤为关键。它是欧盟在新冠病毒感染疫情期间推出的紧急救助计划"下一代欧盟"（NextGenerationEU）的核心，总预算高达 7238 亿欧元，旨在促进经济复苏与长期发展。该基金专门资助成员国的改革和投资项目，并明确要求成员国至少将 20% 的资金用于数字领域。根据最新数据，在成

---

① European Commission. Europe's Digital Decade：Digital Targets for 2030 ［EB/OL］. ［2025-02-11］. https：//commission. europa. eu/strategy-and-policy/priorities-2019-2024/europe-fit-digital-age/europes-digital-decade-digital-targets-2030_ en.

员国实际申报的项目中，投向数字化领域的资金比例达到 26%①。

欧盟 2021—2027 年多年期财务框架（MFF）下的其他几个项目也为数字化转型提供了大量的资金支持。其中，比较重要的有"地平线欧洲"（Horizon Europe）、"投资欧盟"（InvestEU）、数字欧洲计划（Digital Europe Programme）和"连接欧洲设施"（Connecting European Facilities）计划。"地平线欧洲"是欧盟的第九个研发框架计划，拥有 955 亿欧元的总预算，其中的 33% 将用于支持与数字化转型相关的研究与创新活动②。"投资欧盟"计划旨在通过 262 亿欧元的财政担保，吸引超过 3720 亿欧元的公共和私人投资，以促进数字化转型等关键领域的进步。截至 2024 年 6 月 30 日，在该计划的助力下，已有 527 亿欧元被注入与数字化相关的项目③。数字欧洲计划拥有 75.9 亿欧元的总预算，将支持超级计算、人工智能、网络安全等关键数字领域的项目④。"连接欧洲设施"计划是一个专注于交通、能源和数字基础设施建设的基金，其 2021—2027 年的总预算为 207.3 亿欧元，其中 18 亿欧元将专门用于宽带网络和数字服务的普及⑤。

慷慨的资金注入推动了若干重大数字基础设施项目的进展。以 2018 年启动的欧洲高性能计算联合体（EuroHPC JU）为例，该项目计划在 2021—2027 年投资 70 亿欧元，在欧洲部署 8 台超级计算机，并通过高速网络将它们互联，为欧洲的企业、公共机构和个人开发者提供先进的高性能计算资源⑥。此外，Gaia-X 项目在 2020 年也获得了欧盟委员会 20 亿欧元的投资。该项目

---

① European Commission. Recovery and Resilience Scoreboard [EB/OL]. [2025-02-11]. https：// ec. europa. eu/economy_finance/recovery-and-resilience-scoreboard/index. html.

② European Commission. Horizon Europe-Performance [EB/OL]. [2025-02-12]. https：//commission. europa. eu/strategy-and-policy/eu-budget/performance-and-reporting/programme-performance-statements/horizon-europe-performance_en.

③ European Union. InvestEU Indicators [EB/OL]. (2025-01-15) [2025-02-12]. https：//investeu. europa. eu/investeu-programme/investeu-fund/investeu-indicators_en.

④ European Commission. Digital Europe Programme [EB/OL]. [2025-02-12]. https：// commission. europa. eu/funding-tenders/find-funding/eu-funding-programmes/digital-europe-programme_en.

⑤ European Union. Connecting Europe Facility (CEF) [EB/OL]. [2025-02-12]. https：//eur-lex. europa. eu/legal-content/EN/TXT/? uri=LEGISSUM：connecting_europe_facility.

⑥ EuroHPC JU. Discover EuroHPC JU [EB/OL]. [2025-02-12]. https：//eurohpc-ju. europa. eu/about/discover-eurohpc-ju_en.

由德国和法国共同发起，目标是构建一个专属于欧洲的云基础设施，以降低数据泄露的风险，并建立一个统一的云服务生态系统，以推动全欧盟范围内的数据共享。目前，27 个欧盟成员国和超过 300 家机构已经加入了 Gaia-X①。

半导体生产和研发设施的建设也是欧盟数字化转型战略的一大关键行动领域。2023 年 9 月 21 日，欧盟正式颁布了《芯片法案》，旨在到 2030 年将欧盟在全球芯片生产中的份额从当前的 10% 提升至 20%，以增强供应链韧性并减少对外依赖。为实现这一目标，欧盟委员会计划利用复苏与韧性基金、"地平线欧洲"和"数字欧洲计划"等渠道，在 2030 年前累计筹集 430 亿欧元的公共资金，并吸引同等规模的长期私人投资，以强化欧盟的半导体生态系统。在这笔资金中，110 亿欧元将专门用于加强现有的研究、开发和创新活动，确保部署先进的半导体工具以及建立用于原型设计和测试的试验生产线②。

除了在欧盟层面的行动，一些成员国也制定并实施了自己的数字化转型战略。例如，法国早在 2011 年便启动了"数字法国 2020"计划，旨在发展固定和移动宽带、推广数字化应用和服务（特别是电子政务）以及扶持电子信息企业的发展[11]。在该计划的指导下，法国超高速网络计划（PFTHD 计划）于 2013 年启动，目标是在 2022 年前实现全国范围内的超高速宽带网络全覆盖。该计划的实施据说相当成功，截至 2022 年初，法国高速宽带网络已覆盖了 99.2% 的家庭③。2017 年，法国总统马克龙宣布了一项耗资 570 亿欧元的"五年投资计划"，其中 90 亿欧元专门用于政府机关的"数字科技升级"④。2020 年 9 月，为了应对公共卫生危机，法国政府又推出了总额高达 1000 亿欧元的"法国复兴"计划，其中数十亿欧元被指定用于支持网络安全、云计算、量子技术、人工智能等数字技术的研发，以及帮助中小企业和政府部门进行数字化

---

① 吕娜，张书言. 欧洲云计划：欧盟数字主权的建构与挑战［N/OL］. 澎湃新闻，2021-07-20［2025-02-12］. https：//www. thepaper. cn/newsDetail_forward_13658748.

② European Commission. European Chips Act［EB/OL］.［2025-02-12］. https：//commission. europa. eu/strategy-and-policy/priorities-2019-2024/europe-fit-digital-age/european-chips-act_en.

③ France Stratégie. Digital Infrastructures and Spatial Planning-Economic and Social Impacts of the France Superfast Broadband Plan［EB/OL］.（2023-11-01）［2025-02-12］. https：//www. strategie. gouv. fr/en/publications/digital-infrastructures-and-spatial-planning-economic-and-social-impacts-france.

④ 孙梦文. 法国政府推出 570 亿欧元"五年投资计划"：经济"再出发"［N/OL］. 澎湃新闻，2017-09-26［2025-02-12］. https：//www. thepaper. cn/newsDetail_forward_1806491.

升级①。在 2021 年 10 月 12 日，法国总统马克龙正式宣布了"法国 2030"投资计划，该计划旨在通过向关键产业投资 300 亿欧元来提升法国的工业竞争力，并培育新的行业领导者。特别地，其中 60 亿欧元将被指定用于保障"电子和机器人技术等关键零部件的供应"②。后来，该计划的总投资增加到 540 亿欧元③。

　　另一个欧盟成员国——德国则于 2016 年推出了旨在将其塑造为顶尖工业国家的"数字战略 2025"。该战略内容广泛，涵盖数字基础设施、数字化投资与创新、智能互联等多个维度。在数字基础设施领域，德国拟投入 100 亿欧元的公共资金，旨在引导投资并扩建覆盖全国的千兆光纤网络。此外，德国还与欧洲投资基金合作，于 2016 年共同设立规模为 5 亿欧元的增长基金，专门用于资助德国具有创新潜力的成长型企业。同时，该战略在当时提出了中小企业数字化投资计划，预计到 2018 年，其规模将达到 10 亿欧元，旨在激励中小企业进行数字化转型④。2024 年 7 月，德国发布了"数字战略 2025"的中期进展报告。报告显示，千兆网络扩建进展显著，已有 74% 的家庭可以接入千兆网络，近 1/3 的家庭可以使用光纤连接⑤。

　　在欧盟及其成员国的共同努力下，"数字十年"计划已经取得了一定的成效。根据 2024 年 7 月 2 日发布的第二份《数字十年状况》报告，欧盟在数字技能提升、数字基础设施建设及公共服务数字化三个关键领域取得了显著成就。具体而言，55.6% 的欧盟居民至少掌握了基础的数字技能，64% 的家庭已经接入光纤网络，50% 的欧盟境内被高质量的 5G 网络所覆盖，同时，93% 的欧盟居民已能够使用电子身份识别（eID）。然而，根据目前的发展趋势，到

　　① 陈晓怡. 法国发布 1000 亿欧元复苏计划 [EB/OL].（2020-12-16）[2025-02-09]. https：//casisd. cas. cn/zkcg/ydkb/kjzcyzxkb/2020/kjzczx_202011/202012/t20201216_5821780. html.

　　② 李宏策. 300 亿欧元打造"法国 2030"能否实现？[N]. 科技日报，2021-10-15（004）.

　　③ 郝云颖. 阶段性回顾"法国 2030"计划马克龙希望加强创新投资 [N/OL]. 第一财经，2023-12-13 [2025-02-19]. https：//www. yicai. com/news/101924869. html.

　　④ OECD. Digital Strategy 2025-Germany [R/OL]. Federal Ministry for Economic Affairs and Energy, 2016 [2025-02-12]. https：//www. de. digital/DIGITAL/Redaktion/EN/Publikation/digital-strategy-2025. pdf? __blob=publicationFile&v=9.

　　⑤ 科文. 德国数字战略中期报告公布 [N/OL]. 人民邮电报，2024-07-12 [2025-02-12]. https：//www. cnii. com. cn/rmydb/202407/t20240712_584709. html.

2030 年，欧盟的 ICT 专家数量和企业数字化水平预计将显著低于既定目标，这表明"数字十年"计划依然面临着严峻的挑战[11]。

◇ 四、欧洲面临的挑战

为了捍卫其数字主权，欧盟推出了一系列雄心勃勃的计划。这些计划不仅包括加强数据安全法规、改善数字市场竞争环境，还涉及支持数字技术研发、推动数字产业发展以及构建数字基础设施等方面。这些举措对全球数字产业产生了深远的影响，并为各国政府提供了数字化转型战略的重要参考。然而，在这一进程中，欧盟也遭遇了诸多挑战。

首先，欧洲数字主权战略的不同目标之间存在深刻的结构性矛盾。正如前文所述，大量研究表明，《通用数据保护条例》所设定的数据安全标准过于严苛，这在某种程度上抑制了欧盟数字企业的创新活力，对提升欧盟数字技术的自主性构成了不利影响。此外，GDPR 给中小企业带来了较大的合规压力，导致它们发展受阻、市场份额下滑；相比之下，大型企业由于拥有更多资源来应对 GDPR 的合规要求，可以进一步增强自身的竞争力，巩固市场地位[12]。这种"强者恒强"的局面，显然与《数据市场法》促进公平竞争的初衷背道而驰。

其次，成员国之间的利益分歧可能会对一些产业政策的实施造成阻碍。虽然数字主权的重要性得到所有欧洲国家的认可，但并非所有国家都支持某些带有保护主义色彩的数字产业政策。正如欧洲国际政治经济中心（ECIPE）的资深经济学家马蒂亚斯·鲍尔（Matthias Bauer）所言："欧洲数字主权的推动主要源自法国和德国，然而这两个欧盟主要国家所偏好的产业和技术政策可能会对较小的开放型经济体产生不利影响，因为这些政策可能导致这些（较小）国家的企业和公民无法获得最尖端的技术、新的经济机遇以及全球市场上的合作机会，从而损害它们的发展和国际竞争力。"① 这一矛盾在 Gaia-X 计划的实施过程中得到了充分的体现。2020 年，Gaia-X 计划宣布启动，初期进

---

① 高雅. 欧盟专家：疫情危机证明欧盟需要外国数字技术，保护主义不可取［N/OL］. 第一财经，2020-05-27［2025-02-12］. https：//www.yicai.com/news/100646112.html.

展迅速，但随着越来越多的新成员加入，达成共识变得越来越困难。例如，在如何处理与外部合作伙伴的关系这一问题上，Gaia-X 的管理委员会成员持不同意见。一些成员担心，让谷歌、微软、亚马逊等外国云服务商加入该项目，可能会威胁到欧洲云的独立性。另一些成员则认为，只要这些公司遵守欧盟的法规，就不会产生严重的问题。由于双方争持不下，决策过程被一再拖延①。

再次，遗留的内部数字壁垒限制了欧盟数字产业的发展。欧盟虽然拥有庞大的市场和众多的消费者，但各成员国的数字市场之间壁垒重重，阻碍了其数字产业的进一步发展。近年来，随着《通用数据保护条例》等法案的实施，欧盟各国在迈向数字单一市场的征途上取得了显著进展，但依然面临着诸多挑战。例如，2024 年 9 月发布的《德拉吉报告》（Dragi Report）指出，欧洲电信市场上共有 34 家移动网络运营商和 351 家虚拟运营商，平均每家运营商服务的用户数量仅为 500 万，普遍面临收入偏低、投资不足及创新滞后的问题[13]。又如，在数字法规的具体执行和解释方面，各成员国的监管机构之间存在分歧，这给企业在欧盟范围内统一开展业务带来了难题②。此外，欧盟内部存在"数字鸿沟"，即东欧和南欧国家在数字基础设施及劳动者数字技能方面落后于西欧和北欧国家，这给实现欧盟的整体数字化转型带来了挑战[14]。同时，成员国的海关规定和税收政策差异显著、支付系统的互操作性差及跨境支付手续费高等问题，持续困扰着欧盟内部跨境电商的发展。

最后，数字产业天生具有集中化的倾向，欧盟及其成员国政府所支持的追赶行动可能难以动摇美国科技巨头在该领域的主导地位。从理论上讲，数字经济展现出明显的"网络外部性"特征，即数字产品或服务对用户的价值通常会随着用户基数的扩大而增长；而用户越多，数字产品或服务的提供者便能获得更多的收益和反馈，这些收益和反馈又可以用来进一步提升产品或服务的价值，从而形成正向循环，最终促使市场主导者出现。面对如此巨大的市场力量，政府的干预可能难以达到预期的效果。据报道，在新冠病毒感染疫情期

---

① 云头条. 混乱和内讧扼杀欧洲的这个特大云项目：Gaia-X［EB/OL］.（2021-11-02）［2025-02-12］. https：//www. 163. com/dy/article/GNQ6Q0NP0511D6RL. html.

② 欧洲动态. 欧盟委员会审查 GDPR 发现执行问题［EB/OL］.（2024-07-26）［2025-02-19］. ht-tps：//www. ccpit. org/belgium/a/20240726/20240726mrea. html.

间，法国政府曾积极支持本土数字应用的开发与推广，例如，在线教育平台"在家学习"、病毒接触追踪应用 Stop Covid 等，但这些本土应用最终仍难以与美国科技巨头推出的同类产品相抗衡①。这一事实充分表明，在数字产业中实施政府干预存在很大的失败风险。

展望未来，随着欧盟持续推进其数字主权战略，部分问题有望得到改善。例如，通过提供详细的操作指南和司法解释，GDPR 的合规成本有望降低，从而减轻其对创新和中小企业的负面影响；通过投资于相对落后地区的数字基础设施和数字技能培训，有望消除"数字鸿沟"，促进区域均衡发展；通过消除各国在海关、税收、跨境支付等方面的差异，有望消除欧盟内部的贸易壁垒，为单一数字市场夯实基础。值得一提的是，2024 年 7 月，欧洲支付倡议组织（EPI）宣布推出一款名为 wero 的欧洲主权即时支付系统，据称能在 10 秒内完成跨境转账②。该系统能否有效促进欧盟内部的数字贸易增长，仍需时间来检验。

参考文献

［1］MADIEGA T. Digital Sovereignty for Europe ［R/OL］. European Parliament Research Service PE651. 992，2020-07 ［2025-02-11］. https：//www. europarl. europa. eu/RegData/etudes/BRIE/2020/651992/EPRS _ BRI （2020）651992_EN. pdf.

［2］DERNIS H，GKOTSIS P，GRASSANO N，et al. World Corporate Top R&D Investors：Shaping the Future of Technologies and of AI ［M］. Luxembourg：Publications Office of the European Union，2019.

［3］王瑞. 欧盟《通用数据保护条例》主要内容与影响分析 ［J］. 金融会计，2018（08）：17-26.

［4］陈珍妮. 欧盟《数字服务法案》探析及对我国的启示 ［J］. 知识产权，2022（06）：110-126.

---

① 姚岚. 网课平台仓促上线，贫困学生"失联"……法国网课暴露教育不平等现实 ［N/OL］. 文汇报，2020-06-04 ［2025-02-12］. https：//history. whb. cn/commonDetail/352482.

② 溯波. 10 秒内完成跨境转账，欧盟主权即时支付系统 wero 上线 ［N/OL］. IT 之家，2024-07-03 ［2025-02-12］. https：//www. ithome. com/0/779/288. htm.

［5］刘晓春，李清逸.欧盟《数字市场法》守门人制度解读与启示［J］.中国对外贸易，2022（09）：35-37.

［6］DEMIRER M，JIMÉNEZ-HERNÁNDEZ D，LI D，et al. Data，Privacy Laws and Firm Production：Evidence from the GDPR［R/OL］.Federal Reserve Bank of Chicago，2024［2024-11-11］.https：//www. chicagofed. org/-/media/publications/working-paper/2024/wp2024-02. pdf.

［7］JANSSEN R，KESLER R，KUMMER M E，et al. GDPR and the Lost Generation of Innovative Apps［R/OL］.National Bureau of Economic Research，2022［2024-11-11］.https：//www. nber. org/papers/w30028.

［8］JIA，JIN G Z，WAGMAN L. The Short-Run Effects of GDPR on Technology Venture Investment［R/OL］.National Bureau of Economic Research，2018［2024-11-11］.https：//www. nber. org/papers/w25248.

［9］MOTOKI F，PINTO J. Regulating Data：Evidence from Corporate America［J］.Journal of Business Finance and Accounting，2025，52（01）：541-568.

［10］董一凡，李超.欧盟《数字单一市场战略》解读［J］.国际研究参考，2016（03）：5-9.

［11］European Commission. Report on the State of the Digital Decade 2024［R/OL］.Luxembourg：Publications Office of the European Union，2024［2025-02-12］.https：//digital-strategy. ec. europa. eu/en/library/report-state-digital-decade-2024.

［12］吴俊，房祥静.欧盟GDPR五年执法反思：成效、挑战与经验［J］.上海交通大学学报（哲学社会科学版），2024，32（03）：82-99.

［13］DRAGHI M. The Future of European Competitiveness Part B：In-Depth Analysis and Recommendations［R/OL］.European Commission Policy Research，2024-09［2025-02-12］.https：//commission. europa. eu/topics/eu-competitiveness/draghi-report_ en.

［14］蔡翠红，张若扬."技术主权"和"数字主权"话语下的欧盟数字化转型战略［J］.国际政治研究，2022，43（01）：5+9-36.

第九章　美欧在数字领域的博弈

一、数据传输协议的波折

早在 1995 年，欧盟便通过并实施了《数据保护指令》（Directive 95/46/EC）。这是欧盟关于个人数据保护的一项重要法规，其主要目的是确保欧盟成员国对个人数据的处理和流转具有一致的标准，以保护公民的隐私权和数据安全。该指令特别强调了对跨境数据传输的限制，规定只有当第三国能够提供与欧盟相当的"充分保护"水平时，才允许个人数据进行跨境传输[1]。这一限制对美国企业产生了显著影响。对于那些与欧盟有着密切业务联系的美国企业而言，该指令提高了它们的运营成本和法律风险，限制了它们在欧盟市场的发展。

为了弥合双方的法律分歧、推动跨大西洋的商业合作，2000 年，美国商务部与欧盟委员会签订了《安全港协议》。该协议规定，涉及个人数据收集的企业必须向数据主体明确通知其数据被收集的情况，并阐明数据处理的具体方式。同时，企业必须在获得数据主体同意后，方可将数据传递给第三方。此外，企业应确保数据主体能够访问其被收集的数据，并承诺维护数据的准确性和安全性。《安全港协议》的签订为包括谷歌、脸书在内的众多美国企业提供了一个合规框架，使它们得以继续接收和处理来自欧盟的个人数据，即便美国的数据保护水平未达到欧盟"充分性认定"的标准[2]。

《安全港协议》平稳运行 13 年后，"棱镜门"事件的爆发引发了欧盟多国民众对数据隐私的深切担忧，也打破了美欧之间的默契。奥地利律师马克斯·施雷姆斯向脸书欧洲总部所在地爱尔兰当局提出申诉，指控脸书非法追踪用户数据，并参与美国情报机构的监控计划。爱尔兰的主管部门最初以《安全港协议》为依据驳回了施雷姆斯的申诉，但施雷姆斯将申诉提交至司法机构。2015 年 10 月 6 日，欧盟最高司法机构——欧洲法院作出判决，认定美国未能满足欧盟的数据保护标准，因此宣布《安全港协议》无效[3]。

经过一年的谈判，欧盟委员会和美国商务部于 2016 年签订了《隐私盾协议》，旨在替代失效的《安全港协议》，为美欧之间的数据传输提供新的法律框架。为了消除欧盟民众对数据隐私的担忧，《隐私盾协议》加强了数据保护措施，对美国政府的数据获取行为施加了限制，还规定美国企业必须自行证明其遵守隐私规定，并且每年接受联合审查。此外，该协议还增加了对数据主体的救济渠道，规定欧盟公民在遭遇数据滥用时可以向独立于美国情报机构的国家监察员投诉。《隐私盾协议》的支持者认为，它有助于规范国际数据传输，推动数字经济的发展[4]。

然而，2018 年爆发的"剑桥分析"丑闻再次将数据隐私这一议题推至欧盟公民的视野中心。因成功推动《安全港协议》无效化而声名鹊起的施雷姆斯，再次对《隐私盾协议》发起了挑战。他指出，新协议不仅未能解决美国政府的大规模监控问题，而且未能对社交媒体平台及其他科技公司所收集的数据提供足够的保护措施。最终，欧洲法院在 2020 年 7 月 16 日作出裁决，正式宣告《隐私盾协议》无效[5]。

此后，美欧双方经过近三年的谈判，于 2023 年再次达成《欧盟—美国数据隐私框架》协议，以恢复跨大西洋数据流动的规制体系。该协议在《隐私盾协议》的基础上，增加了一系列的补充性原则，并提供了数据保护审查法院这一新的救济渠道。另外，为了回应欧盟民众对美国情报机构滥用职权的抗议，时任美国总统拜登还签署了《关于加强美国信号情报活动保障的行政命令》，以限制美国情报机构对欧盟公民数据的获取和使用，确保其行为符合特定的"合法目标"[6]。然而，施雷姆斯仍不打算放弃对新协议的追击，他声称可能会在法律上对该协议提出质疑，并继续为保护欧盟公民的数据隐私而努力①。

美欧之间这场充满波折的数据隐私之争，为我们带来了诸多重要的启示。首先，《自由港协议》和《隐私盾协议》先后被欧洲法院裁定为无效，这体现了美欧之间难以弥合的分歧，以及欧盟在保护公民数据隐私方面的坚定立场。这种立场深植于欧盟的核心价值观，构成了其不可逾越的原则与底线。未来，中国若想与欧盟达成数字领域的合作，充分尊重欧盟在个人隐私保护问题上的立场将是不可或缺的一环。

其次，美欧多次在旧协议被裁定无效后迅速达成新的协议，这凸显了双方之间难以割舍的利益纽带。正如欧盟美国商会和美国商会联合发布的《2020年跨大西洋经济报告》所披露的，美国是欧盟最大的投资来源国，而欧盟对美国而言亦是如此；在数字领域，美欧之间关系尤为紧密，跨大西洋电缆的数据传输量比跨太平洋电缆的数据传输量高出55%②。在这种情况下，通过谈判解决双方在法律上的分歧、为企业营造一个稳定的经营环境，符合双方的共同利益。这解释了美欧双方在跨境数据传输协议的问题上锲而不舍、屡败屡战的根本原因。

最后，这场争议揭示了欧盟内部不同阶层之间的冲突和博弈。《自由港协议》《隐私盾协议》以及后续出台的《欧盟—美国数据隐私框架》，无一不是欧盟委员会和美国商务部之间紧密合作的产物。而欧盟委员会作为一个会聚了各成员国专家、政要的行政机构，其立场天然地偏向于维护欧洲精英阶层的利益。相较于普通民众，这些精英与美国有着更多的共同利益，因此在面对美国的强硬要求时，更倾向于妥协让步。而施雷姆斯对这一系列协议的挑战，恰如一面镜子，映照出近年来欧洲内部民粹主义情绪的汹涌。在过去十多年里，欧盟经济遭受了诸多挫折，民众的不满情绪日益积累；在普通欧洲民众眼中，美国的大公司不仅利用不公平的竞争手段掠夺他们的财富，还帮助美国情报机构

① 姚旭. 欧美达成新跨境数据流动协议，欧洲仍难免被"窥视"的焦虑［N/OL］. 澎湃新闻，2023－07－17［2025－02－12］. https：//www.thepaper.cn/newsDetail_forward_23875983.
② 驻欧盟使团经济商务处.《2020年跨大西洋经济报告》显示欧美仍为彼此最重要的经贸伙伴［EB/OL］.（2020－04－07）［2025－02－12］. http：//m.mofcom.gov.cn/article/i/jyjl/m/202004/20200402953026.shtml.

肆意侵犯他们的隐私。这种对美国企业普遍的不满，在跨境数据传输协议的争议中找到了宣泄口，进而引发了欧洲法院多次宣布协议无效的戏剧性场面。

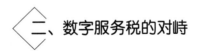

二、数字服务税的对峙

随着数字经济的迅猛发展，全球各国（地区）对数字企业的税收问题日益关注。在传统经济模式下，企业通常在生产、销售、服务等环节拥有大量实体资产和人员投入，而利润的产生与这些实体紧密相连，使国际税收归属地的确定相对简单。然而，在数字经济时代，互联网企业能够在没有大规模实体设施的情况下参与多个国家的经济活动，并通过税务规划的手段——如知识产权使用费——将利润转移到税率较低的国家，从而达到避税的目的。欧盟委员会在 2017 年 9 月发布的《构建欧盟单一数字市场公平与高效的税收体系》报告中指出，数字经济的有效税率仅为 8.5%，显著低于传统企业的税率，这不仅有悖于税收公平的原则，还侵蚀了欧洲各国政府的税基[7]。

数字经济税收问题的复杂性，在法国税务部门与谷歌公司之间充满戏剧性的斗争中得到了充分体现。长期以来，谷歌通过"双层爱尔兰夹荷兰三明治"之类的复杂的税收策略，将其在法国境内获得的营收转移到爱尔兰等低税率地区，以降低公司的总体税负。在法国税务部门看来，这种行为导致法国政府税收收入的流失，涉嫌逃税。谷歌则辩称，其在法国的业务由位于爱尔兰的欧洲总部管理，因此谷歌法国不属于"常设机构"，不必向法国政府纳税。随着矛盾的升级，2016 年 5 月 24 日，法国警方和税务部门对谷歌巴黎办公室展开了突击搜查，带走了大量资料。然而，2017 年 7 月 13 日，巴黎行政法院驳回了法国税务机构的指控，裁定谷歌胜诉①。此次行动的失败，为法国改革现行税收制度埋下了伏笔。

实际上，法国并非唯一试图解决数字经济税收问题的国家。早在 2015 年，经济合作与发展组织便提出了税基侵蚀与利润转移（BEPS）包容性框架，其

---

① 王歆悦，吴婉伶．谷歌获巴黎行政法院支持：无需向法国补缴 11.2 亿欧元税款［N/OL］．澎湃新闻，2017-07-13［2025-02-12］．https：//www.thepaper.cn/newsDetail_forward_1732247．

中第一个行动计划即为《应对数字经济化税收挑战》①。2018 年 3 月，欧盟委员会发布立法提案，拟调整对大型互联网企业的征税规则。根据这项提案，任何一个欧盟成员国均可对境内发生的互联网业务所产生的利润征税，而根据之前的规则，互联网企业只需在总部所在地一次性缴税②。但是，这项提案未获得所有欧盟成员国的支持。

失望之下，法国决定采取单边行动。2019 年 3 月，时任法国财政部长布鲁诺·勒梅尔向政府提交征收数字服务税的立法草案。同年 7 月，法国参议院通过了《数字服务税法案》，决定自 2019 年 1 月 1 日起，对全球年营收超过 7.5 亿欧元、同时在法国境内年营收超过 2500 万欧元的互联网企业征收相当于其在法国营业额 3%的数字税。在法国的带动下，英国、西班牙、意大利等国也陆续开征数字服务税③。

数字服务税出台后，立即遭到了亚马逊、苹果、脸书和谷歌四家美国科技巨头的反对，声称这是针对它们的歧视④。特朗普政府随即以美国企业遭受不公平待遇为由，对法国发起"301 调查"，威胁要对价值 24 亿美元的法国商品加征高至 100%的关税⑤。2020 年 1 月，双方经过协商达成了暂缓协议，即在美国继续进行 OECD 内部的全球数字税谈判的前提下，法国暂停征收数字税，美国则暂缓实施报复性关税⑥。

2020 年 10 月，OECD 完成了跨国数字公司税制改革框架，但美国在 11 月前退出了谈判，导致未能在年底前达成协定。法国随即表态，恢复对美国科技

---

① OECD. Base Erosion and Profit Shifting （BEPS）［EB/OL］．［2025 - 02 - 12］. https：//www. oecd. org/en/topics/policy-issues/base-erosion-and-profit-shifting-beps. html.

② European Commission. Proposal for a Council Directive：Laying Down Rules Relating to the Corporate Taxation of a Significant Digital Presence ［EB/OL］. COM （2018）147 final. Brussels，2018-03-21［2025-02-12］. https：//eur - lex. europa. eu/legal - content/EN/TXT/? uri = CELEX% 3A52018PC0147&qid = 1739364997366.

③ 孙南翔. 全球数字税立法时代是否到来［N］. 经济参考报，2019-08-07（008）.

④ 观察者网. 美国科技巨头联合谴责法国数字税称这是歧视［N/OL］. 观察者网，2019 - 08 - 21［2025-02-12］. https：//www. guancha. cn/industry-science/2019_08_21_514522. shtml.

⑤ 熊茂伶，高攀. 美国对法国数字服务税发起"301 调查"［N/OL］. 新华网，2019 - 07 - 11［2025-02-12］. https：//www. xinhuanet. com/world/2019-07/11/c_1124739352. htm.

⑥ 邓圩，何倩，刘欣琳. 美法两国数字税之争"休战"［N/OL］. 人民网，2020-01-22［2025-02-12］. http：//world. people. com. cn/n1/2020/0122/c1002-31560240. htm.

巨头征收数字税①。2020 年 7 月 10 日，美国贸易代表办公室宣布，将对从法国进口的价值 13 亿美元的化妆品、手提包等产品征收 25% 的关税，但将关税的起征时间推迟至 180 天后，即 2021 年 1 月 6 日，以便为双方提供更多的协商时间②。2021 年 1 月 7 日，美国贸易代表办公室宣布暂停征收该关税③。

2021 年 10 月，G20/OECD 税基侵蚀和利润转移包容性框架下的 140 个成员中，有 136 个成员——包括中国、美国、欧盟等主要经济体共同签署了《全球税收协定》，即著名的"双支柱"方案。其中，"支柱一"提出采用新的利润分配规则，旨在将更多的征税权分配给产品或服务的市场所在国（地区）；"支柱二"则确立了 15% 的全球最低税率，旨在抑制跨国（地区）公司的避税行为④。尽管这一方案并非针对数字税而设计，但它在一定程度上为推行数字税奠定了基础。

然而，美国国会拒绝批准《全球税收协定》，导致该协议的落地陷入困境。最终，经过多方斡旋，美国再次于 2021 年 10 月与欧洲五国（奥地利、法国、意大利、西班牙和英国）达成协议。根据新的协议，美国将取消针对欧洲五国的惩罚性关税，而欧洲五国承诺在 OECD 的"双支柱"方案生效时完全撤销数字服务税⑤。然而，2025 年 1 月，特朗普再次上台后签署了一项备忘录，明确表示拜登政府支持的《全球税改协定》对美国不具有任何法律效力⑥。截至本书写作之日，欧洲国家尚未对此事做出任何回应。

从以上围绕数字税的纷争中，我们可以清晰地看到，这一税种的推出其实是一种权宜之计，旨在应对数字经济中的税收不公问题。理论上讲，针对营业额而非利润的征税方式能显著减少跨国公司转移利润的动机，从而保护市场国

① 陶凤，常蕾. 硬刚美国法国 12 月上线数字税［N］. 北京商报，2020-10-20（08）.

② 庄北宁. 美国宣布对法国商品加税 25%［N/OL］. 新华网，2020-07-12［2025-02-12］. http://www.xinhuanet.com/world/2020/07/12/c_1210697913.htm.

③ 康恺. 美暂停对法奢侈品等征 25% 关税，为解决数字税争端铺路？［N/OL］. 第一财经，2021-01-08［2025-02-12］. https://www.yicai.com/news/100906948.html.

④ 沈玉萌. 130 多国达成 15% 全球最低企业税协议，美共和党：严重关切［N/OL］. 观察者网，2021-10-09［2025-02-12］. https://www.guancha.cn/internation/2021_10_09_610110.shtml.

⑤ 姚丽，励贺林. 美国与欧洲五国达成协议：数字服务税会否销声匿迹［N/OL］. 第一财经，2021-10-31［2025-02-12］. https://www.yicai.com/news/101214211.html.

⑥ 励贺林，姚丽. 特朗普拒绝全球税改协议，美国税收新政影响不可低估［N/OL］. 第一财经，2025-01-26［2025-02-13］. https://www.yicai.com/news/102456888.html.

家的税收利益。然而，这种征税方式对于尚未实现盈利的数字初创企业来说，可能会带来沉重的财务压力，进而抑制数字领域的创新活力。实际上，各方已经达成共识，一旦《全球税收协定》得以实施，数字服务税将会被取消。这表明，数字服务税的设立并非最终目标，而是为了推动建立一个更加公正的国际税收体系。

然而，美国在推进和执行《全球税收协定》方面的犹豫不决，导致了围绕数字服务税的争议不断重演。考虑到美国在全球经济中的重要地位，其支持和配合对该协定的顺利实施至关重要。然而，与大多数国家对该协定的积极支持形成鲜明对比的是，美国内部存在大量反对的声音。依据"支柱一"的条款，全球 500 强企业中，有 78 家被纳入征税的范畴，其中 64% 的企业总部设在美国。一旦新协定生效，这些美国企业每年可能面临大约 560 亿美元的额外税收负担。特别是苹果、微软、Alphabet、英特尔和脸书五大科技巨头，它们将承担超过一半的新增税负，这无疑会引发它们的强烈反对[8]。这也正是美国在《全球税收协定》的问题上态度复杂的原因所在。

《全球税收协定》一旦执行，可能会对全球数字产业的布局产生深远的影响。随着该协定的实施，跨国企业可能会减少在低税率地区的投资，转而将更多资源投向税率较高的市场。以谷歌为例，此前为了避免其法国分部被当地税务机关认定为"常设机构"，谷歌限制了其经营自主权，导致谷歌法国的员工无法独立处理当地客户的在线广告订单，所有业务必须经过爱尔兰子公司的审批①。这种做法虽然有助于谷歌降低所得税，但同时也打击了当地员工的士气，并削弱了其分支机构服务当地市场的能力。展望未来，《全球税收协定》的实施有望减少此类情况的发生。它将促使跨国公司将重心转移到本地化经营上，而非一味地在全球范围内寻找税收洼地。这不仅有助于提升整个数字产业的创新能力，也有利于促进全球经济的公平与可持续发展。

---

① 王歆悦，吴婉伶. 谷歌获巴黎行政法院支持：无需向法国补缴 11.2 亿欧元税款［N/OL］. 澎湃新闻，2017-07-13［2025-02-12］. https：//www.thepaper.cn/newsDetail_forward_1732247.

◇ 三、数字贸易规则的争夺

数字贸易作为一种新兴贸易形态，是指通过互联网及信息技术手段进行的商品和服务交易活动。它打破了传统贸易的地理界限，实现了交易过程的高效、便捷与低成本。数字贸易不仅涵盖了电子商务、数字内容分发、云计算服务等，还深刻影响着供应链管理、跨境支付、智能制造等多个领域。数字贸易的重要性在于，它不仅是全球经济增长的新引擎，也是推动国际贸易模式创新、促进全球经济一体化的关键力量。随着技术的不断进步和全球市场的深度融合，数字贸易的地位与作用日益凸显。

为确保数字贸易的公平、透明与安全，数字贸易规则应运而生。数字贸易规则不仅涵盖数据跨境流动、电子商务税收、知识产权保护等多个方面，还涉及网络安全、消费者保护及数字平台责任等多个议题。这些规则旨在加速数字产品和服务的全球流通，促进全球数字经济的健康发展，同时有效保护消费者权益，防止不正当竞争和垄断行为。反之，若规则缺失或不合理，将可能抑制创新，甚至引发国际贸易摩擦，对全球数字贸易的可持续发展构成威胁。因此，制定和完善数字贸易规则，对推动全球数字经济的繁荣具有不可估量的价值[9]。

为了维护各自在数字贸易领域的利益，美国和欧盟就国际数字贸易规则展开了激烈的较量，形成了"美式模板"和"欧式模板"两套规则体系。"美式模板"主张数据自由流通，强调知识产权保护，支持数字传输免税，并倾向于为数字贸易提供更宽松的市场准入条件。相对地，"欧式模板"更重视个人数据隐私保护，允许基于个人隐私和数据安全考虑的适度本地化要求，并倡导通过加强监管合作来确保数字贸易的安全性和合规性。与"美式模板"相比，"欧式模板"在市场准入方面显得更为谨慎，更强调监管的重要性[10]。

这两套规则体系之间的差异在 WTO 的电子商务谈判中引发了直接的冲突。WTO 电子商务谈判于 2017 年 12 月开启了探索性工作，并在 2019 年 1 月正式启动。该谈判由澳大利亚、日本和新加坡共同发起，其目标是制定高标准的数字贸易规则。当前，谈判参与方已扩充至90多个成员，其中包括中国、美国、欧盟等，涵盖了全球贸易规模的90%以上。历经多轮磋商后，参与方在13个议题上已达成基本共识，这些议题涵盖了促进数字贸易便利化、开放数字环境以及增强商业和消费者信任三大领域。然而，在电子传输关税、跨境数据流动、计算设施本地化等美国所关注的核心议题上，谈判依旧处于悬而未决的状态[11]。

在WTO的谈判之外，美国和欧洲也通过双边协议积极推广各自的数字治理体系，旨在扩大其全球影响力，为塑造WTO议程造势。例如，美国在其主导的《美墨加协定》和《美国—日本数字贸易协定》中明确提出了保护数据自由流动的原则，禁止成员国对跨境数据传输施加不必要的限制或强制要求数据在本国境内存储。相比之下，欧盟的数字贸易政策展现出更大的灵活性，与贸易伙伴达成的协议数量更多、层次更丰富。据不完全统计，欧盟已经与新加坡签订了数字贸易协定，与日本、韩国和加拿大启动了数字伙伴关系的建设，同时在与新西兰、英国、智利以及南方共同市场的自由贸易协定中加入了数字贸易章节。此外，欧盟还在与印度、印度尼西亚以及东非和南部非洲地区进行了数字贸易章节的谈判[12]。

此外，欧盟还通过"充分性认定"程序，努力推动GDPR在全球范围内的推广。如前所述，GDPR在数据隐私和消费者权益保护等领域确立了一系列严格的标准，并设立了"充分性认定"程序，以评估其他国家（地区）的数字立法是否达到这些标准。一旦某国（地区）获得"充分性认定"，它便能与欧盟实现无障碍的跨境数据流动。对于那些致力于发展本土数字产业的国家（地区）来说，欧盟庞大的市场无疑具有极大的吸引力，因此它们有动机调整本国（地区）的数字法规，以符合欧盟的标准。通过这一策略，欧盟数字治理体系的影响力得以扩大。

实际上，欧盟在数字贸易以外的领域——如食品安全、化学品管理、环境保护等——已经多次成功地运用了这一策略，学术界将其概括为"布鲁塞尔效应"。所谓布鲁塞尔效应，指的是欧盟不依赖国际机构或寻求其他国家（地区）的合作，而是凭借其庞大的市场力量，将自身的标准推广为全球标准的做法。在现实中，这种策略能否奏效，关键取决于两个条件：首先，跨国企业选择遵守欧盟制定的规则，以确保能够进入欧盟市场；其次，相较于在不同地区实施差异化的经营策略，跨国企业如果将欧盟标准应用于其在全球销售的所有产品或服务中，所承担的成本会更低。一旦这些条件得到满足，跨国企业将选择基于欧盟标准来开展其全球经营活动，而欧盟亦能借助这些企业传播其法规或标准，从而达到单方面塑造全球市场的目的[13]。GDPR 以及"充分性认定"程序，正是欧盟试图在数字经济领域复现布鲁塞尔效应的关键举措。然而，鉴于数字产业的特殊性，这一举措在现实中究竟能否奏效，存在很大的争议[14]。

总之，相较于美国采取的直接强制措施，欧盟采取的手段无疑更为巧妙、更为隐秘。但是，无论是美国的直接干预还是欧盟的间接引导，其核心目的都是在 WTO 框架之外推行各自的数字治理体系，以造成既定事实，进而影响WTO 的议程设置。然而，由于双方的规则和理念存在差异，它们各自推广的标准导致了数字贸易规则的碎片化，加剧了全球数字治理的复杂性和不确定性，给数字企业的跨境经营带来了更大的困难。美国经济学家巴格沃蒂在1995 年提出了"意大利面碗"这一术语，用以形容随着双边贸易协定数量的增加，各种不同的优惠待遇和原产地规则交织在一起，给企业带来了难以应对的复杂局面的现象。在数字贸易领域，不同的数据本地化要求和数据隐私标准也可能导致"意大利面碗"现象，从而增加数字企业的跨境运营成本和合规难度[10]。

此外，美国政府的换届及其政策立场的潜在转变，也给全球数字贸易规则的建立带来了不确定性。在 2024 年 10 月 25 日的 WTO 电子商务谈判中，美国贸易代表戴琪放弃了美国长期以来对跨境数据自由流动的坚持。美国的这一转变，为各方在相关议题上达成共识铺平了道路，有望促进 WTO 框架下的数字贸易规则的建立。据分析，美国之所以改变立场，是为了回应国内的政治压力，为美国国会监管大型科技公司创造条件，这与当时拜登政府一贯以来的反垄断、加强监管的政策导向相契合①。然而，随着特朗普在 2025 年 1 月重新出

---

① 第一财经. WTO 电子商务谈判最新进展：美方撤回此前提议，如何研判？[N/OL]. 第一财经，2023-11-02［2025-02-13］. https：//www.toutiao.com/article/7296803652009493043/.

任美国总统，新一届美国政府可能会转变立场，在 WTO 谈判中重申对跨境数据自由流动的支持，从而导致全球数字贸易规则谈判再度陷入僵局。

从目前情况来看，由美欧推动的数字贸易规则尚未获得第三方国家（地区）的普遍认同。一方面，很多国家（地区）对美国的强硬立场保持警惕，担心市场过度开放可能对本国（地区）数字产业造成冲击，并忧虑无限制的跨境数据流动可能侵害本国（地区）的数字主权；另一方面，它们也认为欧盟的隐私保护和数据安全标准过于严格，超出了它们当前的技术水平和监管能力[15]。权衡之下，实施数据本地化要求——即强制跨国公司将涉及本国（地区）公民或领土的敏感数据存储在位于境内的服务器上——便成了保护国家（地区）数字主权和公民个人隐私的一种现实选择。根据美国智库——信息技术与创新基金会（ITIF）于 2021 年 7 月发布的一份报告，2017 年全球有 35 个国家实施了 67 项数据本地化措施，而到了 2021 年，这一数字已增长至 62 个国家和 144 项措施，数量几乎翻了一番；此外，还有数十个国家正在考虑采取数据本地化措施[16]。这一现状表明，美国所期望的跨境数据自由流动正变得越来越遥不可及。

正如我们将在下一章中详细介绍的，以人工智能为核心的数字技术迅猛发展，进一步加深了各国（地区）对数据主权的担忧。为了应对美国的"数据霸权"，近年来，各国（地区）政府纷纷建立数据本地化存储和跨境传输监管的制度框架，以确保在人工智能时代能够掌握数据这一关键要素，从而保护本国（地区）的利益。这将如何影响正在形成中的全球数字贸易规则，目前看来仍是未知数。

参考文献

［1］任晓玲.个人数据保护立法推动技术创新——欧盟拟修订《数据保护指令》［J］.中国发明与专利，2011（01）：100.

［2］王孪.美国与欧盟个人信息跨国流通安全港协议简论［J］.知识经济，2008（04）：46-47.

［3］李小武.欧美数据安全港协议被废意味着什么［J］.中国信息安全，2016（03）：68-72.

［4］曹杰，王晶.跨境数据流动规则分析——以欧美隐私盾协议为视角［J］.国际经贸探索，2017，33（04）：107-116.

［5］单文华，邓娜.欧美跨境数据流动规制：冲突、协调与借鉴——基于欧盟法院"隐私盾"无效案的考察［J］.西安交通大学学报（社会科学版），2021，41（05）：94-103.

［6］单文华，邓娜.从"数据隐私框架"看欧美数据跨境流动的规则博弈［J］.太平洋学报，2024，32（01）：44-56.

［7］European Commission. A Fair and Efficient Tax System in the European Union for the Digital Single Market［R/OL］.COM（2017）547 final，（2017-09-21）［2025-02-12］.https：//taxation-customs. ec. europa. eu/system/files/2017-09/communication_ taxation_ digital_ single_ market_ en. pdf.

［8］朱青，白雪苑.OECD"双支柱"国际税改方案：落地与应对［J］.国际税收，2023（07）：3-10.

［9］孙杰.从数字经济到数字贸易：内涵、特征、规则与影响［J］.国际经贸探索，2020，36（05）：87-98.

［10］盛斌，陈丽雪.区域与双边视角下数字贸易规则的协定模板与核心议题［J］.国际贸易问题，2023（01）：19-35.

［11］石静霞.数字经济背景下的WTO电子商务诸边谈判：最新发展及焦点问题［J］.东方法学，2020（02）：170-184.

［12］JÜTTEN M. The EU's Digital Trade Policy［R/OL］.European Parliamentary Research Service PE 757. 615，2024-01［2025-02-12］.https：//www. europarl. europa. eu/RegData/etudes/BRIE/2024/757615/EPRS ＿ BRI（2024）757615_EN. pdf.

［13］BRADFORD A. The Brussels Effect：How the European Union Rules the World［M］.New York：Oxford University Press，2020.

［14］赵海乐.欧盟数字市场治理规则"布鲁塞尔效应"的限度与我国因应［J］.德国研究，2023，38（06）：78-95+148-149.

［15］李莼.发展中国家因应GDPR数据跨境传输规则的困境与启示——以印度为例［J］.武大国际法评论，2024，8（04）：76-93.

［16］ CORY N，DASCOLI L. How Barriers to Cross－Border Data Flows are Spreading Globally，What They Cost，and How to Address Them ［R/OL］. IFIF，（2021－07－19）［2025－02－13］. https：//itif. org/publications/2021/07/19/how－barriers－cross－border－data－flows－are－spreading－globally－what－they－cost/.

人工智能大变局——智能时代的权力游戏

2022 年 11 月 30 日，一款革命性的 AI 产品——ChatGPT 面世，迅速吸引了全世界的关注。相较于传统的 AI 应用，ChatGPT 的多功能性令人惊叹。它不仅能模拟多种角色，与人类进行流畅的交流；还能根据用户的指令，创作出高质量的文本和图像等内容。由于其出色的表现，ChatGPT 在发布后的短短两个月内，用户数量迅速攀升至 1 亿以上，成为有史以来扩散速度最快的互联网应用[①]。

实际上，在 ChatGPT 问世之前，人工智能领域早已出现重大突破。2016 年，谷歌开发的人工智能程序 AlphaGo 在围棋比赛中战胜了世界冠军李世石，这一里程碑式的事件不仅占据了全球媒体的头版头条，也使各国（地区）政府认识到人工智能技术的巨大潜力及其战略价值。为了在这一重要领域取得竞争优势，各国（地区）政府纷纷出台了相关政策以支持本土人工智能产业的发展。2016 年，美国率先发布了首个国家级人工智能战略规划。紧接着，中国于 2017 年发布了《新一代人工智能发展规划》。在随后的几年里，欧盟、日本、印度等国家（地区）也相继推出了各自的人工智能战略规划。据不完全统计，截至 2020 年 12 月，全球已有 39 个国家（地区）制定了人工

智能战略规划或产业政策①。

作为全球经济与科技领域的两大主导力量，美国与欧盟在人工智能领域的行动备受瞩目。本部分将依托人工智能技术的发展脉络，深度剖析两者在此领域推行的支持政策与监管框架。随后，本部分将阐述国际技术竞争与治理合作的最新动态，并基于 AI 技术的前沿发展趋势，探讨技术不确定性与各国（地区）政策如何交互作用，共同塑造国际竞争与合作的新态势。鉴于人工智能产业的快速迭代与持续发展的特性，本书在撰写时可能存在观点上的局限性，对于任何疏漏之处，恳请读者不吝赐教。

---

① 中国信息通信研究院，人工智能与经济社会研究中心．全球人工智能战略与政策观察（2020）〔R/OL〕．2020－12〔2025－02－13〕．http：//www.caict. ac. cn/kxyj/qwfb/ztbg/202012/P02020 1229520426700957. pdf.

第十章 人工智能技术概览

◇ 一、人工智能的三次浪潮

人工智能领域的首次浪潮的源头可追溯至 1956 年夏天。一群计算机科学界的翘楚，其中包括约翰·麦卡锡（John McCarthy）、马文·明斯基（Marvin Minsky）以及赫伯特·西蒙（Herbert Simon）等，齐聚于美国达特茅斯学院。在这次划时代的会议上，"人工智能"这一术语首次被提出，标志着该学科正式登上了历史的舞台[1]。

自 1956 年至 20 世纪 70 年代中期，人工智能迎来了第一段黄金岁月。这段时期内，诸如符号逻辑、模式识别、强化学习及神经网络等一系列关键概念如雨后春笋般涌现。1958 年，约翰·麦卡锡发明了 LISP 语言，成为接下来 30 年里人工智能领域的核心编程语言。1964 年，约瑟夫·维森鲍姆（Joseph Weizenbaum）编写了首个著名的人机对话程序——ELIZA。这些早期成果共同奠定了人工智能发展的基石，成为后来研究者不断突破创新、拓展应用边界的重要源泉[1]。

在这一时期，美国军方成为人工智能研究的主要资助者。美国国防高级研究计划局（DARPA）投入了数百万美元，对人工智能领域的研究进行资助。当时的社会同样对人工智能技术的进步速度抱有非常乐观的预期。1970 年，达特茅斯会议的发起人之一、图灵奖得主马文·明斯基公开宣称，在 3~8 年的时间里，第一台具有人类平均智能水平的机器即将面世[2]。与此同时，文艺界也掀起了一股智能机器热潮，人们怀着一种既恐惧又憧憬的心态，创作了一批影响深远的科幻作品，如《2001 太空漫游》《沙丘》等。

然而，好景不长。由于相关研究的进展不及预期，各国（地区）政府开始对人工智能的实际能力产生怀疑。1964 年，美国科学院成立了自动语言处理顾问委员会（ALPAC），负责审核计算机语言学领域的研究进展。该委员会在 1966 年发布的一份题为《语言与机器》的报告中指出，机器翻译的成本效益远不及人工翻译[1]。英国政府亦委托数学家詹姆斯·莱特希尔爵士对当时的人工智能研究状况进行评估。莱特希尔的报告于 1973 年发布，他指出尽管人工智能研究取得了一定的进展，但远未实现当初预期的目标，在实际应用中的成效也相当有限。这份报告在国际上产生了连锁反应，动摇了政府、学界和企业界对人工智能技术的信心，并导致全球范围内对人工智能的投资和热情急剧下降。由此，人工智能进入了首个低谷期[3]。

纵观整个 20 世纪 70 年代，虽然各国（地区）政府对人工智能的投入大幅缩减，但研究者仍在不懈努力并取得了一些重要成果，尤其是专家系统的诞生。专家系统是一种拥有特定领域专业知识和经验的计算机程序，能够解决通常由领域专家才能应对的复杂问题。1968 年，斯坦福大学的爱德华·费根鲍姆（Edward Feigenbaum）推出了首个专家系统——DENDRAL[1]。1980 年，卡内基梅隆大学推出了首个商用专家系统——XCON。美国数字设备公司（DEC）利用该系统处理订单和财务数据，据称在 6 年间节省了超过 4000 万美元。XCON 的成功让企业界看到了希望，一时间，众多企业投身专家系统的开发和部署，人工智能的第二次浪潮由此掀起[1]。

除了商业化前景的吸引，这次人工智能浪潮还受到了当时美日之间激烈竞争的推动。20 世纪 80 年代，日本经济如日中天，政府和产业界雄心勃勃，誓要在前沿科技领域与美国分庭抗礼。于是，在 1981 年，日本推出了"第五代计算机"（以下简称"五代机"）计划，旨在打造一台划时代的超级智能计算机。此后的十年间，日本不惜投入数亿美元巨资，全力推进该计划[1]。

日本的举措在全球范围内引起了巨大反响，促使美国和英国加大了对计算机和人工智能技术的投入。1983 年，DARPA 组织了战略计算促进会，投入

1 亿美元支持了近百个项目，并推动美国计算机和半导体厂商组建"微电子与计算机技术公司"（MCC），全面重启人工智能研究。同年，英国也启动了阿尔维（Alvey）计划，投入 3.5 亿英镑支持 150 多个项目，重点聚焦专家系统、逻辑编程和人机交互等领域[1]。

然而，尽管各国（地区）政府和企业付出了诸多努力，这一轮人工智能浪潮仍然以失败告终。失败的原因主要来自两个方面：首先，曾经备受瞩目的专家系统逐渐显露出一系列难以克服的技术障碍，包括知识获取困难、更新维护复杂、缺乏必要的灵活性和适应性等，这些因素限制了其进一步的推广和应用；其次，随着性能更加出色的个人电脑和工作站的出现，企业纷纷转向研发和生产这些新一代的计算机，放弃了笨重且复杂的专家系统。结果，随着大量致力于专家系统开发的企业退出市场，第二轮人工智能的浪潮也陷入了低迷期[1]。

第二轮人工智能浪潮的失败产生了深远的负面影响。在此后很长的一段时间里，"人工智能"一词成为科研界和产业界的禁忌，各国（地区）政府和企业对该领域的投资兴趣也骤降至冰点。日本作为专家系统的最积极的追随者和投资者，遭受的打击尤其沉重。在五代机项目的推动下，日本全社会的资源都向专家系统这一路径倾斜，致使日本原先在神经网络和深度学习领域的优势开始逐渐消失。当五代机项目失败后，日本政企削减了对整个 AI 学科的资金支持，导致顶尖人才纷纷出走。多年后，日本政府决定重新启动对 AI 的支持，却发现日本在该领域早已出现人才断层①。

关于第三波人工智能浪潮的兴起时间，目前尚存争议。一些观点认为，这一波浪潮始于 1997 年 5 月 11 日，这一天，IBM 的超级计算机"深蓝"战胜了国际象棋世界冠军卡斯帕罗夫，标志着人工智能发展史上的一个关键转折点[1]。另一些人则认为，真正的转折点始于 2006 年，这一年杰弗里·辛顿（Geoffrey Hinton）发表了一篇重要的论文，标志着深度学习时代的开启[1]。还有更为保守的人认为，直到 2012 年，基于深度神经网络的 AlexNet 在图像识别

---

① 陈永伟．日本 AI 大败局的启示［N/OL］．经济观察网，2024-05-21［2025-02-13］．http：// www. eeo. com. cn/2024/0521/662352. shtml.

准确率上实现了突破，才是真正标志着第三波人工智能浪潮的起点①。

无论起点如何，人们普遍认同第三波浪潮的核心技术是深度学习。深度学习是一种通过模拟人脑神经网络结构来学习和识别数据特征的机器学习算法。在过去的十多年里，深度学习算法之所以取得了重大突破，关键在于硬件性能的提升和数据的积累。在硬件方面，日益强大的图形处理单元（GPU）为深度学习奠定了坚实的算力基础。在数据方面，互联网平台汇聚了包括文本、图像、视频在内的海量资料，为深度学习提供了丰富的素材。在这两大条件的加持下，深度学习在自然语言处理、计算机视觉、语音识别等多个领域大放异彩，实现了对传统机器学习算法的超越。近年来，诸如ChatGPT等大语言模型在全球范围内广受欢迎，它们同样是深度学习算法的一种表现形式。

截至本书撰写之时，第三波人工智能浪潮正如日中天，以大语言模型为代表的生成式AI技术仍在迅猛发展中。尽管如此，我们仍可从前两波浪潮中，吸取对当前形势有益的经验和教训。

首先，前沿技术的发展很少一帆风顺，它往往伴随周期性的起伏。开始时，技术突破带来的过度自信会催生投机热潮，导致整个行业进入非理性繁荣期。接着，当技术进步未能达到市场预期时，泡沫破灭，投资者损失惨重，行业随之陷入低谷期。这种现象不仅在人工智能行业发生了两次，在人类历史上的历次重大技术革命——如铁路[4]和互联网[5]——的发展历程中亦屡见不鲜。这一规律的普遍性提醒我们，在追求技术进步的道路上，保持理性和审慎的态度至关重要。

其次，国家（地区）间的激烈竞争和政府的大规模投资，虽然能带动私人投资、加速技术发展，但也在无形中加剧了技术泡沫的膨胀。以日本在20世纪80年代发起的"第五代计算机计划"为例，该计划由日本政府主导，日本企业为之投入了大量资源。然而，由于低估技术难度、忽视市场反馈等原因，该计划未能实现预期目标，给日本政府和企业造成了重大损失。这一深刻教训告诉我们，政策制定者在推动技术发展的同时，必须更加精准地把握支持

---

① 董雪，许东远. 人工神经网络到底是什么？要从数十年前说起……［N/OL］. 新华网，2025-01-28［2025-02-13］. http：//sh. news. cn/20250128/e6166d79d4074949b2b0d8a4df320a8d/c. html.

与监管的平衡，避免盲目投资和过度炒作，才能推动新兴行业的健康发展，实现可持续的技术进步。

再次，在前沿技术的发展历程中，通常会出现多条互不冲突、相互竞争的技术路径。在第二波人工智能浪潮中，专家系统和通用型计算机代表两条截然不同的技术路径，两者展开了一场激烈的竞争。尽管现在看来，通用型计算机的胜利似乎是理所当然的，但在那个充满不确定性的时期，预测哪条技术路径最终能够脱颖而出并在行业中占据主导地位，无疑是极为困难的。这一历史教训提醒我们，在面对快速发展的前沿技术时，必须持有开放和包容的态度，避免过早作出判断或偏袒任何一方；相反，应该让市场成为技术的最终裁决者，利用市场反馈来验证和挑选出最有潜力和价值的技术路径。

最后，人工智能的发展历程告诉我们，失败不是结束，而是孕育成功的宝贵土壤。尽管第二波人工智能浪潮以失败告终，它却为世界孕育了众多人才，并为后续的技术进步奠定了坚实的基础。20 世纪 80 年代，资金雄厚的日本电器股份有限公司（NEC）在美国硅谷和普林斯顿建立了实验室，吸引了大量人工智能领域的研究者[1]。虽然 NEC 实验室后来因预算削减而大幅裁员，但它促进了人才的流动和知识的传播，为人工智能技术的持续发展铺平了道路。这一事件证明，在科技创新的道路上，每一次尝试与失败都是通往成功的新起点。

二、生成式 AI 技术简介

生成式人工智能（AI）是深度学习模型的一个分支。它由庞大的多层神经网络构成，每一层都包含着大量的神经元。这些神经元通过众多参数相互连接，构成了错综复杂的网络结构。通过调整连接不同神经元的参数，生成式 AI 模型能够"学习"新的知识，并利用这些知识来"创作"新的内容。鉴于大多数主流的生成式 AI 模型规模庞大，而且目前大部分参数数量在 10 亿以上的 AI 模型均属于生成式 AI，笔者将适度放宽技术严谨性，交替使用"生成式

---

[1]　李梅. 硅谷 NEC Lab 往事：将中国企业拽进 AI 时代的人［EB/OL］.（2023-04-15）［2025-02-19］. https：//www.163.com/dy/article/I2AU3MGN05118HA4.html.

AI 模型"和"大模型"这两个术语以方便表达。

大模型的开发过程，在行业术语中被称为训练（Training）。训练通常包含两个主要步骤：第一步，研究人员利用庞大的数据集和巨量的计算资源对大模型进行预训练（Pre-training），目的是让大模型捕捉到数据中的潜在规律，其成果被称为基础模型（Foundation Models）。第二步，研究人员使用较小的数据集对基础模型进行微调（Fine-tuning），目的是提升它在某些方面的性能，以满足特定任务的需求。鉴于同一基础模型能够通过多种方式进行微调，并且多次微调的效果可以累积，这种分阶段的训练方法显著提高了 AI 产品的开发效率[6]。

生成式 AI 的"创造力"源自其特有的预训练策略。目前，绝大多数生成式 AI 模型采用了一种名为 Transformer 的深度学习架构进行预训练。该架构拥有独特的自注意力机制，能够捕捉序列内部的长距离依赖关系，从而在各种预测任务中表现出色[6]。此外，以 ChatGPT 为代表的大语言模型还用了一种被称为自监督学习的算法，其原理类似于文字接龙，即根据上文预测下文[6]。换言之，ChatGPT 与人类的"对话"，本质上是一场人机合作的文字接龙游戏。

两种方法可以在预训练阶段提升大模型的性能。其一是提升数据质量：研究发现，使用"教科书"级别的高质量训练数据，不仅能增强大模型的性能，还能减少训练过程中对计算资源的需求[7]。其二是扩展模型规模：根据一条被广为接受的经验法则——规模定律（Scaling Law），模型参数数量的增加通常会带来性能的提升[8]。这正是 GPT 系列模型的规模不断扩大的原因：2018 年面世的 GPT-1 拥有 1.17 亿个参数，2019 年面世的 GPT-2 拥有 15 亿个参数，2020 年面世的 GPT-3 拥有 1750 亿个参数，而 2024 年面世的 GPT-4，其参数数量据说高达惊人的 1.8 万亿个①。

适当的微调策略对提升大模型的性能也有显著效果。作为大模型训练的第二阶段，微调通过细微调整基座模型的参数，使其在维持原有的知识结构的同时吸收新的信息。在众多微调技术中，基于人类反馈的强化学习（RLHF）尤

---

① PATEL D，WONG G. GPT-4 Architecture，Infrastructure，Training Dataset，Costs，Vision，MoE[EB/OL]．（2023-07-10）［2024-07-21］．https：//www.semianalysis.com/p/gpt-4-architecture-infra-structure.

为重要。它将人类的反馈作为奖励信号，持续优化大模型的行为，使其更加契合人类预期。这项技术不仅能确保大型模型精确地理解用户指令，还能防止有害、带有偏见或误导性的内容产生，从而提升大模型的安全性和可靠性[9]。值得注意的是，目前已出现了多种既高效又成本低廉的微调技术，如低秩适应（LoRA）。这种技术仅需少量的计算资源和数据，便能对拥有庞大参数集的基础模型进行微调[10]。LoRA 以及一系列变体技术的推出，极大地促进了大模型行业的繁荣。

目前，生成式 AI 已在软件开发、内容创作、客户服务等多个领域获得了广泛应用。在软件开发方面，生成式 AI 通过自动生成代码片段，显著减少了开发人员的重复劳动，从而大幅提升了编程效率。在内容创作方面，生成式 AI 技术的介入使内容生成变得更加高效和个性化，例如，新闻媒体可以利用 AI 快速撰写新闻稿件，广告行业可以利用 AI 快速生成定制化的广告文案，教育行业可以利用 AI 快速编写个性化的教学内容，等等。在客户服务领域，AI 聊天机器人能够提供全天候的即时响应，处理常见问题，从而减轻人工客服的工作压力，并提升客户满意度。随着技术的不断进步，生成式 AI 在各行各业的应用前景将更加广阔，其潜力正逐渐被挖掘和实现。

尽管生成式 AI 的潜力巨大，但当前该技术仍面临一些亟须解决的问题。首先，大模型的成本有待降低。正如规模定律所揭示的，模型规模越大，其性能通常越佳。然而，随着模型规模的增大，其开发和使用的成本也会显著上升。一些巨大的模型，如 GPT-4，据称其单次运行的成本甚至超过了它所能创造的收入，以致用户使用次数越多，其运营者 OpenAI 亏损越严重①。这不仅使大模型在商业上难以持续，还引发了外界对其能耗过高、对环境影响过大的批评。未来，随着硬件性能的提升和算法效率的改善，大模型的成本有望持续降低，为生成式 AI 产业的健康发展铺平道路。在 2025 年 1 月，中国公司 DeepSeek 发布了一款开源大模型，其性能可与顶尖 AI 模型相媲美，而成本却

---

① 秦盛. OpenAI 被曝今年收支缺口 50 亿美元，推理成本下降还需多久［N/OL］. 澎湃新闻，2024-07-25［2025-02-13］. https：//www. thepaper. cn/newsDetail_forward_28192200.

远低于前者，这一创新有望成为重塑行业格局的关键转折点①。

生成式 AI 面临的另一大挑战在于增强输出内容的准确性和可解释性。如前所述，ChatGPT 的工作原理类似于"文字接龙"，这意味着其输出内容带有一定的随机性，有时甚至会给出错误的信息，这一现象被称为"幻觉"（Hallucination）[11]。幻觉的存在极大地限制了生成式 AI 在医疗诊断、法律服务、工业生产等对准确性要求较高的行业中的应用。此外，大模型的决策过程犹如一个"黑匣子"，其背后的逻辑难以理解，这使在招聘等重要的决策场景中，人们对使用生成式 AI 存有不少疑虑[12]。因此，提升大模型输出的准确性，并增加其决策过程的透明度，对拓宽其应用边界具有重要意义。

展望未来，智能体（Agent）有望成为生成式 AI 技术的一个关键发展方向。智能体是一种先进的 AI 系统，它具备环境感知、任务理解、自主决策及任务执行的能力，能够主动行动并与用户或环境进行交互[13]。智能体的表现形式多种多样，其中一种重要形态是具身智能（Embodied Intelligence）。它将大语言模型与机器人技术相融合，显著提升了机器人自主规划和执行复杂任务的能力[14]。总而言之，智能体凭借多样化的表现形式及强大的交互能力，有望成为一种全新的技术范式，在多个前沿领域中引领创新和变革。

生成式 AI 技术的另一重要应用领域，即人工智能驱动的科学研究（AI for Science），正逐渐显现其重要性。生成式 AI 凭借其卓越的预测能力，能在海量数据构成的复杂环境中高效识别出最可能的模式，从而帮助研究者应对"组合爆炸"带来的计算难题。当前，药物研发、材料科学及气候模拟等前沿领域已初步展现出对生成式 AI 技术的强烈需求与巨大潜力。展望未来，随着生成式 AI 技术的不断演进，它有望成为推动科研创新的核心动力，为科学研究的广阔领域带来无限的可能[15]。

在享受生成式 AI 技术带来的诸多便利的同时，人们也不应忽视其潜在的负面影响。首先，这项技术加剧了数据安全风险，这主要体现在数据泄露、数据滥用和版权侵犯三个方面。其一，生成式 AI 的训练过程需要使用大量数据，

---

① 陈思佳. DeepSeek-R1 模型震惊硅谷，美媒：制裁反而促进中国创新［N/OL］. 观察者网，2025-01-27［2025-02-16］. https：//www.guancha.cn/internation/2025_01_27_763403.shtml.

如果这些数据中包含敏感信息，且训练过程中的安全措施不到位，就可能导致数据泄露；例如，大型模型在回答问题时，可能会无意中输出一些本应保密的内容，导致侵权。其二，生成式 AI 可能被不法分子利用，生成虚假信息或恶意代码，用于实施造谣、诈骗或网络攻击，从而损害公众利益。其三，生成式 AI 的训练数据可能未获得授权，生成的内容可能与受版权保护的作品高度相似，从而引发版权纠纷[16]。

其次，生成式 AI 技术的广泛使用可能对劳动力市场造成冲击。历史经验表明，技术革新虽然从长远来看能创造新的就业机会，但在短期内可能会对现有的经济结构造成冲击，引发失业问题。自生成式 AI 问世以来，各大众包平台上的编程、翻译、绘画等工作的发布量显著下降[17]。展望未来，这一趋势可能会进一步加剧。OpenAI 的一项研究显示，虽然现阶段仅有 1.8% 的工作岗位受到大语言模型的显著影响，但随着辅助性软件的开发和完善，这一比例在未来可能上升到 46%[18]。

再次，生成式 AI 技术可能引发一系列社会和伦理问题。第一，生成式 AI 的输出结果可能会继承训练数据中的偏见，从而加剧对特定群体的不公。第二，生成式 AI 的研发对资金和技术有着较高的要求，这可能导致该技术被少数企业或国家（地区）所垄断，从而加剧国内不同群体之间或者国家（地区）之间的不平等[19]。第三，虽然目前的 AI 系统失控的风险较低，但随着智能体自主学习和决策能力的不断增强，这一风险可能逐渐升高，将对人类构成重大威胁[20]。

最后，需要说明的是，生成式 AI 绝非人工智能领域中唯一的技术路径。正如先前所述，第三波人工智能浪潮建立在深度学习的基础之上，而生成式 AI 仅仅是深度学习中的众多分支之一。实际上，在 ChatGPT 问世之前，一些非生成式的深度学习技术，如卷积神经网络（CNN）、循环神经网络（RNN）以及它们的变体，已经取得了长足的进展，并在医疗诊断、工业智能、自动驾驶等领域得到了广泛应用[21]。生成式 AI 的迅猛发展，既有可能为其他技术路线提供有益的补充，进而推动整个 AI 领域的发展；也有可能与其他路线形成竞争，分散有限的研发资源。因此，如何协调不同的技术路线之间的关系，对人工智能的未来发展而言可能是一个至关重要的问题。

三、生成式 AI 产业的发展现状

近年来，随着生成式 AI 技术的迅猛发展，大量资金涌入了这一领域。根据斯坦福大学以人为本人工智能研究所（Stanford HAI）发布的《2024 年人工智能指数报告》，2023 年全球对生成式 AI 的私人投资总额激增至 224 亿美元，较 2022 年增长了近 9 倍，相较于 2019 年更是增长了 25 倍①。值得注意的是，这一增长是在 2022 年以来全球人工智能投资整体放缓的背景下实现的，这充分展示了生成式 AI 的热度。

大模型市场的竞争相当激烈。截至 2024 年 10 月 3 日，全球范围内一共发布了 398 个大模型，其中，253 个是开源模型，85 个是闭源模型，60 个是混合模型②。开源模型的源代码是公开的，允许任何人查看、修改和使用。得益于其可定制化的特点，开源模型尤其适合学术研究和定制化产品开发等场景。相对而言，闭源模型的源代码不对外公开，它们由企业独立开发和维护，主要通过提供订阅服务来实现盈利。一般而言，闭源模型更适合那些对安全性、稳定性有较高要求的商业应用场景。混合模型则介于开源和闭源之间，仅部分功能免费开放。这种模型的优势在于能够在保护知识产权的同时，促进技术的共享和合作创新[22]。

生成式 AI 的上游产业包括芯片制造商、云计算平台及数据供应商。芯片制造商为模型开发提供了必要的硬件支持。其中，英伟达（Nvidia）的 A100、H100 等 GPU 因性能卓越而广受开发者推崇，近乎垄断了 AI 芯片市场。与此同时，谷歌的 TPU 等竞品也在努力追赶中[22]。云计算平台则负责将众多 AI 芯片整合成高性能集群，并配套相应的软件设施，以满足大模型训练和运行的需求。鉴于当前主流的 AI 模型的规模庞大，构建能承载此类模型的 GPU 集群成

---

① Stanford HAI. AI Index Report 2024 [EB/OL]. (2024 - 04 - 07) [2025 - 02 - 13]. https：//aiindex. stanford. edu/report/.

② Stanford CRFM. Ecosystem Graphs [DB/OL]. [2024 - 10 - 03]. https：//crfm. stanford. edu/ecosystem-graphs/index. html？ mode=table.

本高昂。以 Meta 于 2024 年 7 月发布的 Llama 3.1 模型为例，该模型的参数数量高达 4050 亿，其训练过程依赖于一个拥有 16000 多块 H100 的算力集群。按当时的市场价格估算，该算力集群的建设成本超过 10 亿美元，这对于多数企业和公共机构而言是难以承受的。

数据供应商的情况更为复杂。早期的大模型主要依赖于开放数据集，但近年来随着生成式 AI 的迅猛发展，业界对数据的需求急剧增长，现有的开放数据集已无法满足新的需求。于是，大模型开发者开始寻求高质量的私有数据。受此影响，一些著名的开源社区和社交平台开始涉足数据销售业务[22]。与此同时，一些传统出版商加强了针对 AI 的版权保护措施，以防止自家的数据成为大模型的免费"养料"。例如，《纽约时报》等多家报社对 ChatGPT 的开发者 OpenAI 提起了侵权诉讼①。为了应对这一挑战，OpenAI 与《华尔街日报》《金融时报》等媒体达成协议，支付数亿美元以使用后者提供的新闻资料②。但是，这种做法能否在生成式 AI 与媒体行业之间建立起长期稳定的互惠关系，仍有待时间的检验。

考虑到开发一款主流的生成式 AI 模型需要巨额资源，所以我们不难理解为何大型科技公司在这一领域占据主导地位。大致来说，全球领先的科技巨头可分为两大阵营：一类是云服务商，如谷歌、微软、亚马逊；另一类是社交媒体平台，如 Meta、X、YouTube。前者拥有强大的计算平台，后者则掌握海量的数据，这两种资源对于大模型来说都是关键投入品。除此之外，这些科技巨头还拥有深厚的技术底蕴、对人才的巨大吸引力以及庞大的用户基础，这进一步巩固了它们在生成式 AI 领域的领先优势。

科技巨头的某些行为已经引起了监管部门的关注。2024 年 1 月，美国联邦贸易委员会（FTC）针对微软、谷歌、亚马逊三家科技巨头与 OpenAI、Anthropic 两家初创公司之间的投资与合作关系启动了反垄断调查，旨在评估这些行为是否对市场竞争造成了不利影响。同年 7 月，英国竞争与市场管理局

---

① 刘皓然. 起诉 OpenAI 和微软，《纽约时报》打响维权第一枪［N/OL］. 环球时报，2023-12-29［2025-02-13］. https：//world. huanqiu. com/article/4FwtTF1RV4f.

② 秦盛. 2.5 亿美元！OpenAI 打包新闻集团 5 年版权，用于大模型训练及问答［N/OL］. 澎湃新闻，2024-05-23［2025-02-13］. https：//www. thepaper. cn/newsDetail_forward_27478678.

（CMA）发表声明，表示正在对微软吸纳初创企业 Inflection AI 的大部分前员工的行为进行调查，以评估该行为是否可能导致"竞争实质性减少"①。同年 8月，爱尔兰数据保护委员会（DPC）对社交平台 X 提起诉讼，指控其未经同意擅自使用用户的个人数据训练 AI 模型，违反了欧盟的《通用数据保护条例》。同年 9 月，X 公司同意永久停止使用来自欧盟和欧洲经济区（EEA）的用户个人数据来训练 AI 模型②。

除监管干预外，技术不确定性也可能对 AI 行业的竞争格局产生重大影响。2024 年起，OpenAI、Anthropic 等公司的新一代大型模型的发布时间一再推迟。有人认为，这些公司正面临规模报酬递减的挑战，即随着算力的增加，大模型的性能提升幅度逐渐减小③。至于为何会出现这一问题，众说纷纭，但可以肯定的是，如果算力投资的回报持续下降，那么算力供应商——包括提供高性能GPU 的英伟达以及提供大规模计算平台的云服务商——面对的市场需求将会显著减弱。届时，大模型产业上下游的利益分配格局可能会发生重大变化。

另一个可能重塑行业竞争格局的因素是开源模型。2024 年 12 月 26 日，中国 AI 初创公司 DeepSeek 发布了一个拥有 6710 亿参数的开源模型。据媒体报道，该模型的性能可与 GPT-4、Llama 3 等全球顶尖的大模型相媲美，但训练成本不及后者的 1/10④。该模型的推出立即引发了全球关注。一种观点认为，价廉物美的开源模型能够推动 AI 技术的普及，避免技术被少数国家（地区）或企业所垄断，这对缩小"数字鸿沟"、助力发展中国家（地区）提升AI 能力具有重要意义⑤。但是，也有人担心，开源模型缺乏足够的安全措施，

① 远洋. 英国监管机构出手，正调查微软与 Inflection AI 相关交易［N/OL］. IT 之家，2024-07-16［2025-02-13］. https：//www.ithome.com/0/782/221.htm.

② 郭聪聪，刘欣. 永久停止处理！X 不能用欧盟用户个人数据训练大模型［N/OL］. 21 世纪经济报道，2024-09-10［2025-02-13］. https：//www.21jingji.com/article/20240910/herald/25709816363e05a54cf338e549f41bff. html.

③ 新智元. Scaling Law 撞墙，AI 圈炸锅了！OpenAI 旗舰 Orion 被曝遭遇瓶颈，大改技术路线［N/OL］. 澎湃新闻，2024-11-12［2025-02-13］. https：//www.thepaper.cn/newsDetail_forward_29310021.

④ 许孝如. 刷屏！"AI 界拼多多"再出手，Deepseek 发布新模型，训练成本降低 10 倍［N/OL］. 澎湃新闻，2024-12-29［2025-02-13］. https：//www.thepaper.cn/newsDetail_forward_29792935.

⑤ 沈逸. 缩小数字鸿沟，需要更多 DeepSeek［N/OL］. 环球时报，2025-02-08［2025-02-13］. https：//www.toutiao.com/article/7468810997604647464/.

存在被滥用的风险。诺贝尔奖得主杰弗里·辛顿曾警告说，大模型开源带来的危害与原子弹开源相当。他建议政府加强对开源模型的监管力度，"开源超过一定规模的大模型就应被起诉"[①]。但是，在 AI 技术日益普及、开发成本持续降低的背景下，通过单边规制来监管开源模型，恐怕不是一件容易的事。

参考文献

［1］尼克.人工智能简史（第 2 版）［M］.北京：人民邮电出版社，2017.

［2］MITCHELL M. Debates on the Nature of Artificial General Intelligence ［J］.Science，2024，383（6689）：ado7069.

［3］AGAR J. What is Science for? The Lighthill Report on Artificial Intelligence Reinterpreted ［J］.The British Journal for the History of Science，2020，53（03）：289-310.

［4］韩斌，党秀静.美国铁路投资泡沫：第一次世界性经济危机［N］.学习时报，2023-09-29（2）.

［5］杜传忠，郭美晨.20 世纪末美国互联网泡沫及其对中国互联网产业发展的启示［J］.河北学刊，2017，37（06）：147-153.

［6］BOMMASANI R，HUDSON D A，ADELI E，et al. On the Opportunities and Risks of Foundation Models ［R/OL］.arXiv：2108. 07258，（2022-07-12）［2024-07-09］.http：//arxiv. org/abs/2108. 07258.

［7］GUNASEKAR S，ZHANG Y，ANEJA J，et al. Textbooks are All You Need ［R/OL］.arXiv：2306. 11644，（2023-10-02）［2025-02-13］.https：//arxiv. org/abs/2306. 11644.

［8］KAPLAN J，MCCANDLISH S，HENIGHAN T，et al. Scaling Laws for Neural Language Models ［R/OL］.arXiv：2001. 08361，（2020-01-23）［2025-02-13］.http：//arxiv. org/abs/2001. 08361.

［9］OUYANG L，WU J，JIANG X，et al. Training Language Models to Follow Instructions with Human Feedback ［R/OL］.arXiv：2203. 02155，（2022-

---

① 搜狐科技."AI 教父"辛顿称杨立昆已经疯了：大模型开源的危害性，等同于将原子弹开源［N/OL］.搜狐科技，2024-07-09［2025-02-13］.https：//www. sohu. com/a/791889563_115565.

03-04）［2025-02-13］. https：//arxiv. org/abs/2203. 02155.

［10］HU E J, SHEN Y, WALLIS P, et al. LoRA：Low-Rank Adaptation of Large Language Models［R/OL］. arXiv：2106. 09685, （2021-10-16）［2025-02-13］. https：//arxiv. org/abs/2106. 09685.

［11］HUANG L, YU W, MA W, et al. A Survey on Hallucination in Large Language Models：Principles, Taxonomy, Challenges, and Open Questions［R/OL］. arXiv：2311. 05232, （2024-11-19）［2025-02-13］. https：//arxiv. org/abs/2311. 05232.

［12］ZHAO H, CHEN H, YANG F, et al. Explainability for Large Language Models：A Survey［R/OL］. arXiv：2309. 01029, （2023-11-28）［2025-02-13］. https：//arxiv. org/abs/2309. 01029.

［13］周涛，李鑫，周俊临，等. 大模型智能体：概念、前沿和产业实践［J］. 电子科技大学学报（社科版），2024，26（04）：57-62.

［14］刘华平，郭迪，孙富春，等. 基于形态的具身智能研究：历史回顾与前沿进展［J］. 自动化学报，2023，49（06）：1131-1154.

［15］王飞跃，缪青海. 人工智能驱动的科学研究新范式：从 AI4S 到智能科学［J］. 中国科学院院刊，2023，38（04）：536-540.

［16］刘艳红. 生成式人工智能的三大安全风险及法律规制——以 ChatGPT 为例［J］. 东方法学，2023（04）：29-43.

［17］DEMIRCI O, HANNANE J, ZHU X. Who Is AI Replacing? The Impact of Generative AI on Online Freelancing Platforms［J/OL］. Management Science, （2025-01-024）［2025-02-13］. https：//doi. org/10. 1287/mnsc. 2024. 05420.

［18］ELOUNDOU T, MANNING S, MISHKIN P, et al. GPTs are GPTs：Labor Market Impact Potential of LLMs［J］. Science, 2024, 384（6702）：1306-1308.

［19］郭小东. 生成式人工智能的风险及其包容性法律治理［J］. 北京理工大学学报（社会科学版），2023，25（06）：93-105+117.

［20］王东，张振. 人工智能伦理风险的镜像、透视及其规避［J］. 伦理学研究，2021（01）：109-115.

［21］陈超，齐峰.卷积神经网络的发展及其在计算机视觉领域中的应用综述［J］.计算机科学，2019，46（03）：63-73.

［22］CMA UK. AI Foundation Models：Initial Report ［EB/OL］.（2023-09-18）［2025-02-13］. https：//assets. publishing. service. gov. uk/media/65081d3aa 41cc300145612c0/Full_report_. pdf.

第十一章　美国与欧盟的人工智能战略

一、美国的人工智能政策

2016 年，美国国家科学技术委员会（NSTC）下属的网络和信息技术研发（NITRD）小组委员会发布了《国家人工智能研究与发展战略计划》。这是美国首个国家级的人工智能战略规划。该计划明确了七个战略重点：①对人工智能研究进行长期投资；②开发高效的人机协作技术；③理解和应对人工智能引发的伦理、法律和社会影响；④确保人工智能系统的安全性和可靠性；⑤创建共享的公共数据集和环境，用于人工智能的训练和测试；⑥通过制定标准和基准来衡量和评估人工智能技术；⑦更精确地了解国家在人工智能研发方面的劳动力需求。2019 年和 2023 年，该计划进行了两次重大更新，分别新增了第八项战略（促进公私合作伙伴关系以加速人工智能的发展）和第九项战略（推动人工智能研究的国际合作)①。

在特朗普首个总统任期内，美国政府显著提升了对人工智能领域的重视程度。2017 年 12 月，当时特朗普政府公布了其任期内的首份《国家安全战略报告》，将人工智能定位为"美国将优先发展的关键新兴技术之一，关乎经济增

---

① 全球技术地图．白宫发布：国家人工智能研发战略计划［EB/OL］．（2023-06-14）［2025-02-13］．https：//news. qq. com/rain/a/20230614A07FRB00.

长和安全"①。2018 年 8 月，美国人工智能国家安全委员会（NSCAI）成立，作为一个独立机构，其主要职责是向美国总统和国会提供咨询，推动人工智能、机器学习及相关技术的发展，并全面应对美国的国家安全和国防挑战。2019 年 2 月，特朗普签署了《保持美国在人工智能领域的领导地位》的 13859 号行政命令，亦称"美国人工智能倡议"。该倡议旨在整合联邦政府资源，以加速人工智能技术的发展进程。这一倡议最终于 2021 年 1 月得到美国国会的批准，正式成为法律[1]。

在接下来的拜登总统任期中，美国政府对人工智能的支持力度持续上升。包括《2021 年美国创新与竞争法案》在内的多项涉及人工智能的拨款和预算法案获得通过，显著提高了美国政府对人工智能研究的资金投入②。布鲁金斯学会的一篇报告显示，2022—2023 年，美国联邦政府在人工智能领域的投资实现了显著增长，其中，义务拨款从 2.61 亿美元增至 6.75 亿美元，同比增长超过 150%；奖励潜在价值从 3.55 亿美元飙升至 45.61 亿美元，同比增长近 1200%[2]。此外，根据美国国家科学技术委员会下属机构发布的《2020—2024 年进展报告：推进可信赖的人工智能研究与开发》，仅在 2024 财年，美国政府在人工智能研究上的投资就高达 31 亿美元，其中，19 亿美元用于"核心人工智能"的研究，另外 12 亿美元用于"人工智能交叉领域"的研究[3]。

国防领域的人工智能研究是美国联邦资金支持的重点。根据布鲁金斯学会的报告，2022—2023 年，美国国防部签订的人工智能相关合同数量从 254 份激增到 657 份，合同的潜在价值从 2.69 亿美元飙升至 43.23 亿美元，占据了所有联邦资金的 95%。剩余资金则被用于增强学术机构和企业的安全防护能力，以"缓解外国对美国研究机构构成的威胁"。此外，联邦资金还支持了美国国家标准与技术研究所（NIST）的工作，该机构通过制定专业术语和技术标准，助力美国在人工智能治理领域扩大影响力[2]。

---

① The White House. National Security Strategy of the United States of America [EB/OL]. (2017-12) [2025-02-13]. https://trumpwhitehouse.archives.gov/wp-content/uploads/2017/12/NSS-Final-12-18-2017-0905-2.pdf.

② 张娟，李宏.《2021 年美国创新与竞争法案》瞄准对华科技竞争 [R/OL]. 科技政策与咨询快报，2021（8）.（2021-10-09）[2025-02-13]. http://casisd.cas.cn/zkcg/ydkb/kjzcyzxkb/2021/zczxkb_202108/202110/t20211009_6220168.html.

美国政府对人工智能的监管持保守立场。在第 117 届和第 118 届国会的任期内（2021—2024 年）共通过了 7 项与 AI 有关的法案，主要涉及国防、拨款、培训和投资，没有一项涉及安全和监管；备受外界关注的《算法问责法案》《确保安全、可靠、合乎道德和稳定的 AI 系统法》和《打击露骨伪造图像和未经同意的编辑法案》尚未通过两院投票成为法律①。美国联邦层面唯一一部专门的 AI 监管规定，是拜登于 2023 年 10 月签署的《关于安全、可靠且值得信赖地开发与应用人工智能的行政命令》。这项行政命令涉及了从人工智能安全的新行业标准到隐私保护、公民权利以及美国的国际领导力等多个方面，展现了迄今为止美国最为全面的人工智能治理框架②。然而，2025 年 1 月 20 日，特朗普在再次就任美国总统的首日，便宣布废止了该行政命令，理由是它过于严苛，阻碍了技术创新③。

与联邦政府的保守立场形成鲜明对比的是，一些州和市级政府对 AI 监管展现出了更为积极的态度。例如，加利福尼亚州、科罗拉多州、弗吉尼亚州以及其他几个州已经通过并实施了《消费者隐私法》或类似的法规，赋予了消费者拒绝企业使用"自动化决策技术"的权利，并要求对高风险数据处理活动进行数据保护评估。康涅狄格州在 2023 年 6 月通过了一项名为《关于人工智能、自动决策和个人数据隐私的法案》的法律，旨在保护儿童不受定向广告的潜在影响，并成立特别工作组来研究人工智能并制定相关权利法案。纽约市议会也通过了《自动就业决策工具法》，该法案于 2023 年 1 月生效，它要求雇主在使用 AI 招聘工具时告知候选人，并允许候选人查看相关数据，同时规定了年度审计以评估这些工具是否存在偏见。除了这些已实施的法案之外，还有其他多个州的关于人工智能监管的立法提案正在审议过程中[4]。

遏制包括中国在内的其他国家（地区）的人工智能产业的发展，也是美国国家人工智能战略的一部分。自特朗普首个任期开始，美国已将中国视为其

① 该结果为笔者在美国国会网站（congress. gov/search）上以"Artificial Intelligence"或相关法案名称为关键词进行搜索得出。

② 方晓. 拜登签署行政命令，发布白宫首个生成式 AI 监管规定［EB/OL］. 澎湃新闻，（2023-10-30）［2025-02-13］. https：//www. thepaper. cn/newsDetail_ forward_25116182.

③ 张静. AI 监管重大转变：特朗普撤销拜登的人工智能行政令［N/OL］. 澎湃新闻，2025-01-21［2025-02-13］. https：//www. thepaper. cn/newsDetail_ forward_29984526.

在人工智能领域的主要竞争对手。拜登上台后，更是在算力、人才、投资等上游环节对中国人工智能产业进行全方位的封锁。2024 年 3 月，美国商务部下属的工业与安全局（BIS）发布了新的"实施额外出口管制"规定，自 2024 年 4 月 4 日起全面禁止向中国销售英伟达、AMD 等公司生产的先进 AI 芯片和半导体设备①。2024 年 1 月，美国商务部长宣布，计划限制外国（地区）客户，包括中国客户，使用美国云计算服务来训练 AI 大模型②。2024 年 5 月，美国众议院外交事务委员会通过了《加强海外关键出口国家框架法案》（简称《ENFORCE 法案》），旨在扩大白宫监管人工智能系统出口的权力。一旦该法案生效，持有 H1B 签证的中国员工或留学生若从事人工智能或机器学习相关工作，将需要获得特殊许可③。

　　美国甚至试图通过"卡算力脖子"来限制全球多数国家（地区）发展 AI 技术，以此来维持其技术霸权。2015 年 1 月 13 日，美国商务部下属的工业与安全局（BIS）发布了即将离任的拜登政府制定的《人工智能扩散出口管制框架》。该规则将美国以外的所有国家（地区）划分为三类：第一类包括美国的 18 个盟友，它们可以不受限制地购买美国的 AI 芯片；第二类包括 140 多个国家（地区），它们仅能购买限定数量的 AI 芯片；第三类包括中国在内的 22 个被美国视为"敏感或敌对"的国家（地区），它们被完全禁止从美国进口先进的 AI 芯片。此外，该框架还对每一类国家和地区的 AI 算力总量设定了限制，规定至少 50% 的算力必须保留在美国境内，第二类国家（地区）的算力总和不得超过 25%，单个国家（地区）的算力不得超过 7%，等等。该框架原计划于 2025 年 5 月 15 日正式生效，但由于美国业界的强烈反对以及美国政府换

　　① 界面新闻. 美国修订对华半导体出口管制令，拟于 4 月 4 日生效［N/OL］. 界面新闻，2024-03-30［2025-02-13］. https：//www. jiemian. com/article/10986727. html.

　　② SHEPARDSON D. Eying China, US Proposes 'Know Your Customer' Cloud Computing Requirements［N/OL］. Reuters，2024-01-27［2025-02-13］. https：//www. reuters. com/technology/us-propose-know-your-customer-requirements-cloud-computing-companies-2024-01-26/.

　　③ US Congress. H. R. 8315-ENFORCE Act［EB/OL］.（2024-05-22）［2025-02-13］. https：//www. congress. gov/bill/118th-congress/house-bill/8315/text.

届，其最终是否实施存在不确定性①。

二、欧盟的《人工智能法案》与产业支持计划

　　欧盟出台人工智能战略的时间稍晚于美国。2018 年 4 月 25 日，欧盟委员会提交了题为《欧盟人工智能》的报告，首次系统地提出了欧盟版的人工智能发展战略规划。该报告指出要充分利用人工智能带来的机遇并应对挑战，确立了增加人工智能公共和私人投资、为社会经济变革做准备以及确保适当的伦理和法律框架三项目标。2019 年 4 月，欧盟发布了《可信赖的人工智能伦理指南》，明确了"可信人工智能"的七项基本准则，为人工智能技术的伦理应用提供了指导。2020 年 2 月，欧盟发布了《人工智能白皮书》，提出要通过增强投资和监管来推动人工智能技术的进步，并妥善管理由此技术应用引发的风险。该白皮书聚焦于"卓越生态系统"和"信任生态系统"两大核心领域，提出了一个旨在促进 AI 技术发展与扩张的政策框架，并着重强调了维护个人基本权利以及确保 AI 系统在责任框架内运作的重要性[5]。

　　在这些战略规划的引导下，欧盟委员会于 2021 年 4 月提出了《人工智能法案》提案的谈判授权草案，旨在从欧盟的层面上统一协调成员国之间在人工智能领域的监管。随后，欧洲议会和欧盟理事会针对此草案展开了多轮讨论和修订。2024 年 3 月 13 日，欧洲议会通过了《人工智能法案》，该法案于 2024 年 8 月 1 日正式生效。作为全球首个全面的人工智能监管法案，其致力于增强人工智能产业的规范性和透明度，推动人工智能技术的有序和可持续发展，对其他国家的立法者具有重要的借鉴意义。

　　欧盟的《人工智能法案》最显著的特征之一是其分级监管体系。该法案将 AI 系统依据潜在风险程度分为四个类别（不可接受风险、高风险、有限风险以及极低风险），并针对每一类别的 AI 系统制定了相应的监管措施。例如，

---

① 钛媒体．最后的疯狂！美国公布史上最强 AI 芯片禁令，拜登：确保中国等对手无法轻易使用先进 AI［EB/OL］．（2025-01-13）［2025-02-13］．https：//finance.sina.com.cn/cj/2025-01-13/doc-ineevvkt9386736.shtml.

那些被归类为不可接受风险的 AI 系统，如公共场所的实时远程生物识别系统和敏感特征生物分类系统，被明确禁止在欧盟境内部署和使用。高风险系统则涵盖了教育、金融、医疗和交通等领域的 AI 应用，它们在被允许使用前必须满足一系列严格的条件。有限风险系统则涵盖了聊天机器人、情感识别系统、推荐系统以及能够生成或操控内容的 AI 系统（如深度伪造），它们只需履行透明性义务，即明确告知用户内容由 AI 产生即可。

欧盟的《人工智能法案》针对通用型 AI（General-purpose AI）设定了严格而全面的监管框架。通用型 AI 指的是使用大量数据进行大规模自监督训练的模型。这种模型无论以何种方式投放市场，都具有显著的通用性，能够胜任各种不同的任务，并可集成到各种下游系统或应用中。前文中介绍的生成式 AI 或大模型均属于通用型 AI 的范畴。《人工智能法案》规定，通用型 AI 的提供商必须制定符合欧盟版权法的政策，必须发布其训练数据的详细摘要，还必须编写并更新技术文档，披露模型的训练过程以及评估结果，以方便用户了解其能力和限制。如果通用型 AI 的训练计算量超过 10^{25} 次浮点运算（FLOPs），则被视为具有系统性风险。对于这些模型，提供商必须进行额外的模型评估，包括对抗性测试，以识别和缓解安全风险，还必须跟踪、记录并及时报告重大事件[6]。

为确保《人工智能法案》得到有效执行，欧盟委员会在其内部成立了专门的人工智能办公室。该办公室的主要职责是评估通用型 AI 模型的能力与潜在风险，特别是那些可能带来系统性风险的模型。此外，该办公室还致力于推动可信赖的人工智能的开发，并通过与公共部门和私营部门的合作，促进人工智能技术在欧盟内部市场的广泛应用。在国际层面，该办公室致力于推广欧盟的可信人工智能方法论，与全球范围内的类似机构开展合作，以促进国际人工智能治理，并支持制定和执行相关的国际协议①。

在对人工智能实施严格监管的同时，欧盟也投入了大量公共资源，以促进可信赖的人工智能技术的发展。在 2024 年 1 月，欧盟推出了 AI 创新计划（AI Innovation Package），其核心目标是扶持欧洲的 AI 初创公司和中小企业，助力

---

① European Commission. European AI Office［EB/OL］.（2025-02-08）［2025-02-13］. https：//digital-strategy. ec. europa. eu/en/policies/ai-office.

它们研发出可靠的人工智能技术。此外，该计划还致力于增强欧盟在生成式 AI 领域的人才库，并进一步促进对 AI 初创公司和成长型企业的公共与私人投资。AI 创新计划的核心组成部分包括"AI 工厂"和 GenAI4EU 等。"AI 工厂"依托欧洲高性能计算联合体（EuroHPC JU）的超级计算机资源，为初创企业、开发者和研究人员提供包括算力、数据访问和存储在内的一站式服务，以助力他们开发 AI 技术和产品。GenAI4EU 则专注于推动生成式 AI 技术在机器人、健康、生物科技、制造等 14 个关键产业中的应用。在资金方面，"地平线欧洲"和数字欧洲计划将为 AI 创新计划提供支持。预计到 2027 年，AI 创新计划将吸引约 40 亿欧元的公共和私人投资，以推动欧洲人工智能技术的创新与发展[①]。

除欧盟层面的支持措施外，多个成员国亦在国家层面推行了相关的政策与投资计划。其中，法国的行动尤为引人注目。2018 年 3 月，法国发布了《国家人工智能战略》，明确提出"法国应成为人工智能技术革命的核心参与者"，并"引领欧洲在人工智能应用领域的行动"。为实现此目标，法国规划了两阶段的投资计划：第一阶段的五年内投入 15 亿欧元，第二阶段再投入 22 亿欧元，以助力人工智能技术的发展。2019 年，法国首批四家"人工智能跨学科研究院"（3IA）正式建立[②]。2023 年，法国在 3IA 的基础上启动了 IA cluster 计划，旨在通过建立国际化的人工智能培训与研究卓越中心，至 2030 年将法国的人工智能专家数量增加一倍，并确保至少有 3 所法国机构跻身全球人工智能领域前 50 名。2024 年，IA cluster 计划向 9 个研究中心投入了总计 3.6 亿欧元，涵盖人才培养等多个方面。同年，IA booster 计划也获得了 2500 万欧元的资助，该计划专注于帮助企业采纳 AI 技术，推动企业的数字化转型，增强企业在全球市场的竞争力[7]。在 2025 年 2 月 10 日至 11 日召开的巴黎 AI 峰会上，法国政府宣布将提供 1 吉瓦的核电，用于建设新的国家数据中心，以满足其 AI 计算需求[③]。

---

① European Commission. AI Innovation Package ［EB/OL］.（2024-07-25）［2025-02-14］. https：// digital-strategy. ec. europa. eu/en/factpages/ai-innovation-package.

② 新华社. 针对人工智能法国设立 4 所研究院［N］. 科技日报，2019-04-29（08）.

③ 李笑寅. 巴黎 AI 峰会：全是关于投资和竞争，"安全"已被抛之脑后［N/OL］. 华尔街见闻，2025-02-16［2025-02-16］. https：//wallstreetcn. com/articles/3741199.

另一个欧洲大国——德国在 2018 年 11 月正式公布了《国家人工智能战略》，计划到 2025 年投入 30 亿欧元促进人工智能的研究与开发。该战略围绕三个支柱构建：加强人工智能研究，推动人工智能在商业和社会中的应用，以及确保人工智能使用的伦理和法律框架。该战略的一大焦点是将人工智能应用于德国的工业基础，特别强调自动化和制造业。2021 年，德国更新了《国家人工智能战略》，以纳入 AI 治理、工业 AI 应用和创新方面的新发展。更新后的战略包括增加 AI 研究资金、建立学术机构与私营公司之间的新合作伙伴关系，以及支持中小企业采用 AI。此外，德国政府还承诺到 2025 年为 AI 项目和创新中心投入 50 亿欧元①。

三、美欧人工智能战略比较

对比美国和欧盟的人工智能战略，我们可以看出两者均沿袭了其在数字经济治理领域的一贯立场。美国秉持"轻监管、重扶持"的原则，一方面积极推动 AI 产业的蓬勃发展，另一方面对该行业实施相对宽松的监管政策。尽管从理论上讲，这种策略有利于创新，但在实践中，由于缺乏联邦层面统一的 AI 法规，导致了各州 AI 法律错综复杂的局面，这可能反而会提高企业的合规成本、抑制创新。

相较之下，欧盟对人工智能采取了更为严格的监管措施，这一点在其《人工智能法案》中得到了明确体现。欧盟的意图似乎是将自己打造成 AI 治理高地，从而借助"布鲁塞尔效应"，推动欧盟的 AI 技术和安全标准向全世界传播。但是，就目前来看，欧盟的 AI 治理方案似乎难以成为国际共识[8]。相反，正如先前所讨论的，众多证据表明，过度的监管会阻碍数字创新。对于正处于快速发展期的人工智能这一前沿技术领域，过度监管所带来的负面影响可能尤为显著。

在资金分配策略方面，双方亦呈现出明显的分歧。美国将巨额资金投入到

---

① Global Institute for National Capacity. Germany's National AI Strategy ［EB/OL］. （2024-09-29）［2025-02-14］. https：//www. ginc. org/germanys-national-ai-strategy/.

国防领域，专注于智能武器的发展、军事监控网络的构建以及指挥控制系统的优化。而欧盟选择将大部分资金用于科学研究，目标是建立研究中心、吸引顶尖人才和扶持初创企业。如果说美国的行动可能激发国际军备竞赛、加剧地缘政治紧张，那么欧盟的策略则更有利于推动良性竞争、促进行业健康发展。

在国际合作方面，美国与欧盟的人工智能战略展现出显著差异。美国虽在其《国家人工智能研究与发展战略计划》中强调了国际合作的重要性，但实际行动却倾向于构建技术壁垒，旨在扩大其技术领先地位，这与国际合作的初衷大相径庭。相较之下，欧洲在人工智能国际合作方面展现出更为开放的姿态。

不同的战略倾向体现了美欧在人工智能领域的实力差距。美国作为全球人工智能领域的"领头羊"，拥有深厚的产业基础和人才储备。据国际金融论坛（IFF）发布的《IFF-AI 企业视角下的全球人工智能竞争力指数洞察报告》，截至 2024 年 10 月，全球大约有 5.5 万家人工智能企业，其中超过 2 万家位于美国，占全球总数的 36% 以上；美国的 AI 初创企业融资金额已超 300 亿美元，占全球总额的 25% 以上，居于全球领先地位[①]。此外，美国保尔森基金会（Paulson Institute）下属的麦克罗波洛智库（Macro Polo）发布的《全球人工智能人才追踪调查报告 2.0》显示，2019 年全球顶尖的 AI 研究人员中有 65% 受雇于美国机构，而到了 2022 年，这一比例依然高达 57%[②]。在这种背景下，放松监管有利于加快技术迭代，进一步拉大与他国（地区）的差距，从而巩固美国的技术霸权，这与美国追求科技领先、全球主导的战略倾向高度契合。

反观欧盟，近年来虽然努力推进人工智能产业的发展，但与美国相比，差距依然显著。根据斯坦福大学以人为本人工智能研究所发布的《2024 年人工智能指数报告》，在 2023 年全球范围内发布的知名人工智能模型中，欧盟仅贡献了 21 款，远不及美国的 61 款。此外，据 OECD 的数据，欧盟在人工智能领域的风险投资也显著低于美国。以 2023 年为例，美国在该领域的风险投资达

① 韩星童. AI 企业数量与国家的经济发展水平呈显著正相关［N/OL］. 中国新闻网, 2024-11-22［2025-02-14］. https：//www.chinanews.com.cn/cj/2024/11-22/10323815.shtml.

② Macro Polo. The Global AI Talent Tracker 2.0［R/OL］. 2024-03［2025-02-14］. https：// macropolo.org/interactive/digital-projects/the-global-ai-talent-tracker/.

到了 548 亿美元，相比之下，欧盟仅为 79 亿美元①。在这种情况下，持续投资于科学研究和人才培养以巩固产业基础，同时通过加强国际合作和主导规则制定来制衡美国在该领域的影响力，显然更符合欧盟的长期战略利益。

除了上述差异，美国和欧盟的人工智能战略也展现出若干相似之处。首先，双方都将制定 AI 国际标准作为一大战略目标。对于一个战略性产业来说，主导国际标准的制定意味着掌握技术话语权，这不仅能够为本国（地区）带来经济利益，还能对外传播本国（地区）的文化和价值观。因此，美国和欧盟都积极争取在 AI 产业的国际标准制定中占据主导地位。例如，美国国家标准与技术研究院于 2023 年 1 月发布了 AI 风险管理框架（AIRMF），旨在帮助组织评估和管理 AI 系统的风险，以促进负责任和可信赖的 AI 技术应用②。欧盟则在其《人工智能法案》中纳入了详尽的人工智能安全标准，涵盖了对 AI 系统的风险评估、对企业的责任要求等方面，为其他国家的立法者提供了重要的参考。

美国和欧盟的人工智能战略的另一个相似点是，双方在对 AI 产业的公共投资上都显得较为谨慎。根据《2024 年人工智能指数报告》，2022 年全球对 AI 的私人投资金额高达 1034 亿美元；尽管 2023 年该数字有所下降，但仍达到 959.9 亿美元。与私人投资的活跃形成鲜明对比的是，美国和欧盟这两个主要经济体对 AI 的公共投资仅有数十亿美元，可以说相当保守③。在笔者看来，这种保守的态度可能源于两个原因：一方面，对前两次人工智能浪潮失败的深刻记忆，促使双方政府不约而同地采取了更为审慎的投资策略；另一方面，近年来由于各种原因，双方政府都背上了沉重的债务负担，迫使它们不得不削减开支。

---

① OECD. AI. Visualisations Powered by JSI Using Data from Preqin ［EB/OL］. （2025-03-26）［2025-02-14］. https：//oecd. ai/en/data？selectedArea=investments-in-ai-and-data&selectedVis ualization=vc-investments-in-ai-by-country.

② NIST. AI Risk Management Framework ［EB/OL］. （2025-02-04）［2025-02-14］. https：//www. nist. gov/itl/ai-risk-management-framework/ai-rmf-development.

③ 美国的"星际之门"计划和法国的 1090 亿欧元人工智能投资计划都不涉及公共资金。

四、美欧在人工智能领域的合作

除了竞争之外，美欧在人工智能领域亦开展了多项合作。2023 年 1 月 27 日，美国与欧盟签署了一项关于人工智能和计算的行政协议，旨在通过共同研究应对气候变化、自然灾害、医疗保健、能源和农业等全球性挑战①。此外，在 2021 年成立的贸易与技术理事会（TTC）的推动下，欧盟与美国加强了在 AI 标准制定方面的合作。例如，双方共同制定了关于可信人工智能的评估和测量工具以及风险管理的联合路线图，旨在关键和新兴技术领域推进共同的技术规范②。

然而，随着特朗普重新执政，美国政府开始推动 AI 去监管化，这可能会给美欧在 AI 治理方面的合作带来一些变数。2025 年 2 月 11 日，美国副总统万斯在巴黎 AI 峰会上发表了一番火药味十足的演讲，不仅大肆抨击欧盟的"过度监管"抑制了创新，还宣称"美国必须保持领导地位"③。会后，美国更是拒绝签署此次会议的成果文件《巴黎人工智能宣言》。美国的这些举动，将给双方在 AI 治理方面的合作带来何种影响，目前还难以判断。

种种迹象表明，欧盟正考虑放宽对人工智能的监管政策。2024 年 9 月，欧盟委员会委托欧洲中央银行前行长、意大利前总理马里奥·德拉吉（Mario Draghi）编写的《欧盟竞争力报告》发布，在欧洲各国引起了广泛关注。该报告指出，欧洲各国共有超过 100 条专注于科技领域的法规，以及 270 家活跃于数字网络的监管机构，这使得企业合规成本极高，导致只有大公司——通常是非欧盟公司——能够承担得起[9]。2025 年 2 月 11 日，法国大模型公司 Mistral

---

① 海洋. 美欧达成 AI 协议强化人工智能多领域合作［N/OL］. 新华社，2023-01-28［2025-02-14］. https：//m. gmw. cn/2023-01/28/content_1303265568. htm.

② 清华大学战略与安全研究中心. 美欧数字外交研究系列之一：美欧人工智能政策协调进程、挑战及启示［R/OL］. 国际战略与安全研究报告，2022-08［2025-02-14］. https：//ciss. tsinghua. edu. cn/upload_files/atta/1672025151247_9A. pdf.

③ 赖镇桃. 美副总统万斯在巴黎 AI 行动峰会抨击 AI 监管，美欧政策现分歧［N/OL］. 21 世纪经济报道，2025-02-12［2025-02-16］. https：//www. 21jingji. com/article/20250212/herald/58a44f52 a8f98fc2d0aab8e72e766c53. html.

与西门子、飞利浦等 60 多家欧洲企业联合发起了一项名为"欧盟冠军计划"的倡议，呼吁欧盟减少对 AI 的限制性法规。欧委会主席冯德莱恩也表示，她将"简化监管、促进 AI 创新"作为自己第二个任期的重要任务①。

此外，中国 AI 企业 DeepSeek 的成功激起了全世界对 AI 技术民主化的憧憬。如前所述，DeepSeek 发布了一款性能比肩当下的顶尖大模型但成本不及其 1/10 的开源模型，在全球引发了轩然大波。有关人士认为，它突破了此前由美国科技巨头设定的高门槛，对未来的 AI 发展路径和国际格局可能产生深远影响。正如 AI 开发平台 Hugging Face 首席执行官克莱门特·德朗格所言："DeepSeek 证明了所有国家都可以参与 AI 竞争，这一点在过去并不明显。现在，全世界都在加速追赶。"② 在这样的背景下，万斯仍然坚称美国必须在 AI 领域"保持领导地位"，这可能会对美欧在该领域的合作前景产生不利影响。

参考文献

［1］秦浩.美国政府人工智能战略目标、举措及经验分析［J］.中国电子科学研究院学报，2021，16（12）：1243-1250.

［2］LARSON J，DENFORD J S，DAWSON G S，et al. The Evolution of Artificial Intelligence（AI）Spending by the U. S. Government［R/OL］. Brookings Research，（2024-03-26）［2025-02-13］. https：//www. brookings. edu/articles/the-evolution-of-artificial-intelligence-ai-spending-by-the-u-s-government/.

［3］NITRD. 2020-2024 Progress Report：Advancing Trustworthy Artificial Intelligence and Development［R/OL］. NITRD，2024-06［2025-02-13］. https：//www. nitrd. gov/pubs/AI-Research-and-Development-Progress-Report-2020-2024. pdf.

［4］杨默涵.人工智能法律关系挑战与制度调整——以美国地方立法浪潮为例［J］.中国政法大学学报，2024（05）：244-256.

---

① 肖潇. 压力来到了欧盟身上：巴黎 AI 峰会的焦虑和换轨［N/OL］.21 世纪经济报道，2025-02-14［2025-02-16］. https：//www. 21jingji. com/article/20250214/herald/960e297dc4cc6633742def5810fff136. html.

② 赵安琪. DeepSeek 轰动巴黎中国引领全球 AI 格局重塑［N/OL］.中国青年报，2025-02-14（06）. https：//news. cyol. com/gb/articles/2025-02/14/content_OzW5YLsvQB. html.

［5］殷佳章，房乐宪.欧盟人工智能战略框架下的伦理准则及其国际含义［J］.国际论坛，2020，22（02）：18-30+155-156.

［6］王天凡.人工智能监管的路径选择——欧盟《人工智能法》的范式、争议及影响［J］.欧洲研究，2024，42（03）：1-30+173.

［7］侯慧敏，徐峰，王艺颖，等.法国人工智能发展现状、重要举措及启示［J］.全球科技经济瞭望，2023，38（02）：9-18.

［8］苏可桢，沈伟.欧盟人工智能治理方案会产生"布鲁塞尔效应"吗？——基于欧盟《人工智能法》的分析［J］.德国研究，2024，39（02）：66-88+135.

［9］DRAGHI M. The Future of European Competitiveness Part A：A Competitiveness strategy for Europe［R/OL］.European Commission Policy Research，2024-09［2025-02-12］.https：//commission. europa. eu/topics/eu－competitiveness/draghi-report_ en.

第十二章 人工智能领域的
国际竞争与合作

一、国际技术竞争的形势与风险

近年来，随着人工智能技术的飞速进步，越来越多的国家开始意识到其战略重要性，围绕该领域的国际竞争也日趋激烈。作为一种通用型技术，人工智能对全球经济、军事及科技领域均有深远影响。掌握这项技术，不仅是国家竞争力的体现，也是确保产业安全、维护国家利益的关键。因此，包括美国和欧盟在内的全球各大主要经济体，均试图通过政策激励、资金投入及人才培养等多元化策略，推动本土人工智能产业的快速发展，以期在国际竞争中占据有利地位。

斯坦福大学以人为本人工智能研究院推出的全球 AI 活力工具（Global AI Vibrancy Tool）对全球 36 个国家在人工智能领域的竞争力进行了综合排名。该排名综合考量了多个指标，包括人工智能研究的质量、知名机器学习模型的数量、私人投资总额及 AI 领域的并购活动等，以全面评估各国在 AI 领域的实力与潜力。根据评估结果，美国高居榜首，中国紧随其后，而属于欧盟成员国的法国和德国则分别排在第六和第八位[1]。鉴于美国和欧盟国家的情况已在前文中详细介绍过，在此我们重点关注排名前十的其他国家，包括英国、印度、阿联酋、韩国、日本和新加坡。接下来，我们将逐个介绍这些国家在 AI 领域的优势和近年来对 AI 的支持措施。

英国在该排名中位列第三。该国在人工智能领域拥有深厚的基础，其从事相关研究的历史可追溯至"二战"时期。近年来，英国政府进一步加大了对 AI 的扶持力度。2018 年，英国政府投入近 10 亿英镑用于 AI 发展，并设立了 25 亿英镑的投资基金，通过与私营部门的合作撬动了 75 亿英镑的投资[①]。2023 年 3 月，英国政府宣布斥资 9 亿英镑建造一台百亿亿级的超级计算机，并用它开发一个名为 BritGPT 的大语言模型[②]。2025 年 1 月 13 日，英国公布了"人工智能机遇行动计划"，旨在通过政策支持、资金投入和国际合作，确保其在全球 AI 领域的领导地位。该计划将培养和吸引 AI 人才作为一项重要任务，提出到 2030 年培养数万名 AI 专业人才，并增加英国在全球顶尖 1000 名 AI 研究人员中的占比[③]。

印度位列第四。该国在人工智能领域的优势来源于其庞大的 IT 人才队伍和丰富的应用场景。近年来，印度政府加大了招商引资力度，以促进其本土 AI 产业的发展。2018 年，印度国家研究院与谷歌公司合作，共同建立了印度的人工智能生态系统，包括培训和孵化印度 AI 创业公司、资助研究人员进行基于 AI 的研究等[④]。在政策法规方面，印度电子和信息技术部出台了《数字个人数据保护法》，制定了 AI 指导方针，以确保敏感信息在本国境内存储和处理，并开发了自己的人工智能系统和工具[⑤]。在资金投入方面，印度政府批准了名为"IndiaAI Mission"的国家级项目，预算高达 1037.192 亿卢比（约合 90.13 亿元人民币），致力于建立强大的 AI 计算基础设施、开发和部署基础模

---

① 赵修知. 英国持续加大人工智能领域投资 [N/OL]. 经济参考报，2024-04-10 [2025-02-15]. https：//www.news.cn/tech/20240410/d2f853682e60475099f553a0bcf5233b/c.html.

② 故渊. 英国斥资 9 亿英镑构建百亿亿级超级计算机，用于创建"BritGPT"大型语言模型 [N/OL]. IT 之家，2023-03-17 [2025-02-15]. https：//www.ithome.com/0/680/376.htm.

③ 国际与比较教育研究所. 英发布《AI 机会行动计划》，提出到 2030 年增加数万名 AI 人才 [EB/OL]. (2025-01-14) [2025-02-15]. https：//www.163.com/dy/article/JLS14VSS0514QKLR.html.

④ 张舒君. 从《人工智能国家战略》讨论报告看印度人工智能国家战略的构建 [EB/OL]. (2018-11-06) [2025-02-15]. https：//www.secrss.com/articles/6213.

⑤ 金赵鑫. 印度个人数据跨境传输规则 [N/OL]. 人民法院报，2024-07-26 [2025-02-15]. https：//www.chinacourt.org/article/detail/2024/07/id/8040862.shtml.

型、构建统一的数据平台等，以推动本土 AI 技术的创新和应用①。截至目前，印度政府的努力已经取得了一定成效。根据《全球人工智能人才追踪 2.0》，近年来，印度对顶尖 AI 人才的吸引力显著提升②。此外，印度政府在过去十余年中建成了名为"印度堆栈"（India Stack）的数字公共基础设施，为超过十亿的国民提供了身份认证、数字支付等服务[2]。未来，该项目预计将为印度本土开发的 AI 技术提供大规模的应用场景。

阿联酋位列第五。该国的优势来源于前瞻性的战略规划以及大规模的投资。2017 年，阿联酋成为全球首个成立人工智能部的国家，随后通过了《2031 年国家人工智能战略》和《阿联酋国家人工智能计划》，旨在奠定其作为全球人工智能中心的地位。为了培养专业的研究型人才，阿联酋于首都阿布扎比创立了世界首所人工智能大学——穆罕默德·本·扎耶德人工智能大学，致力于培养专业研究型人才。此外，阿联酋在 2024 年设立了规模达 1000 亿美元的 MGX 科技投资基金，专注于对全球范围内的人工智能和半导体企业进行投资。这一举措进一步凸显了阿联酋在人工智能领域的宏伟愿景和雄厚实力③。

韩国位居第七。该国的主要优势在于其发达的半导体产业。2024 年 9 月，韩国发布了《国家 AI 战略政策方向》，确立了一个宏伟的目标——到 2027 年跻身全球 AI 领域的三大强国之列。该文件提出了一系列计划，包括以公私合营的方式建设"国家 AI 计算中心"、引导民间投资达到 65 万亿韩元、推进 AI 在工业和公共服务等领域的应用、加强初创企业和人才培养、确保 AI 安全与全球领导力等④。另外，韩国的《人工智能发展及信任建立基本法》已于 2024 年 12 月 26 日获得通过，成为继欧盟之后全球第二部专门针对 AI 的立法。

①　问舟. 印度宣布向 AI 领域投资 1037 亿卢比，强化对大语言模型的开发［N/OL］. IT 之家，2024-03-08［2025-02-15］. https：//www.ithome.com/0/754/383.htm.

②　Macro Polo. The Global AI Talent Tracker 2.0［R/OL］. 2024-03［2025-02-14］. https：//macropolo.org/interactive/digital-projects/the-global-ai-talent-tracker/.

③　李学华. 阿联酋借力 AI 发展多元化［N/OL］. 经济日报，2025-01-27［2025-02-15］. https：//ipaper.ce.cn/pc/content/202501/27/content_308322.html.

④　朱苏远. 韩国明确国家 AI 战略政策方向［EB/OL］.（2024-10-29）［2025-02-15］. https：//www.istis.sh.cn/cms/news/article/98/27072.

该法案包括建立治理体系、支持产业发展和预防潜在风险三大核心内容①。

日本位列第九。作为上一轮人工智能浪潮的核心参与者，日本在 AI、半导体、机器人等多个领域积累了深厚的经验。为了巩固并进一步提升其在 AI 领域的地位，2021 年 3 月，日本内阁会议通过了《科学技术和创新基本计划》，规定在 2021—2025 年投入 30 万亿日元，以支持包括人工智能在内的重要科技领域的发展。2022 年 4 月，日本政府发布了《人工智能战略 2022》，提出了培养 AI 时代各类人才、强化产业竞争力、确立一体化 AI 技术体系、构建国际化网络等战略目标[3]。此外，日本还计划扩展和升级 "AI Bridging Cloud Infrastructure"（ABCI）超级计算机②，并开发下一代 "富岳" 超级计算机③，为 AI 研究和应用提供强大的计算支持。在 2024 年 11 月，日本首相石破茂宣布了一项规模达 10 万亿日元（约合 650 亿美元）的扶持计划，目的是通过补贴和其他财政激励手段推动日本芯片和人工智能产业的成长。但是，该计划的实施还需等待下一届国会会议的批准④。

新加坡名列第十。新加坡的优势是拥有完善的 AI 基础设施和优越的营商环境。2017 年 5 月，新加坡启动了 "AI 新加坡"（AISG）国家计划，承诺在五年内投资约 1.09 亿美元支持其 AI 生态系统的初创企业和研究机构⑤。此后，新加坡于 2019 年 11 月发布了为期 11 年的《国家人工智能战略》，并在 2023 年 12 月推出了更新版的《国家人工智能战略 2.0》。该战略明确了两大核心目标：一是追求 AI 领域的卓越，推动并最大化 AI 的价值创造；二是增强个人、企业和社区对 AI 使用的信心、辨别力和信任感。为实现这些目标，新加坡计划投资 5 亿美元，用来开发高性能计算机，以满足人工智能研究的需求，

---

① THERESIA M. 韩政府制定《人工智能基本法》[N/OL]. 韩宣网，2024 - 12 - 27［2025 - 02 - 15］. https：//chinese. korea. net/NewsFocus/Policies/view？articleId = 264073.

② 溯波. 日本最快 AI 超算年内上线：基于英伟达 H200 GPU，AI 算力可达 6 Exaflops. IT 之家［EB/OL］.（2024 - 07 - 18）［2025 - 02 - 15］. https：//www. ithome. com/0/782/698. htm.

③ 溯波. 日本展示下代旗舰超算 "富岳 NEXT" 雄心：FP64 算力超 3EFLOPS. IT 之家［EB/OL］.（2025 - 02 - 8）［2025 - 02 - 15］. https：//www. ithome. com/0/829/451. htm.

④ 辰辰. 日本公布芯片产业扶持计划总额 650 亿美元［N/OL］. 网易科技报道，2024 - 11 - 12［2025 - 02 - 15］. https：//www. 163. com/tech/article/JGPUCPIK00097U7T. html.

⑤ 海外网. 新加坡推国家人工智能计划 AISG：三个目标［N/OL］. 海外网，2017 - 05 - 08［2025 - 02 - 15］. http：//singapore. haiwainet. cn/n/2017/0508/c456236 - 30901898. html.

并通过设立奖学金等方式吸引世界级 AI 人才，将 AI 从业者的数量提升至15000 人①。此外，新加坡政府推出了一系列相关措施支持企业使用人工智能，例如，针对中小企业的"生成式 AI 沙盒"和针对数码化成熟企业的"数码领袖生成式 AI 计划"②。

综上所述，人工智能领域呈现"一超多强"的格局，竞争异常激烈。美国领跑全球，中国、印度与阿联酋三个新兴国家追赶迅猛，英国、法国、德国、日本、韩国及新加坡这些发达国家亦不甘示弱。各国在 AI 领域各具优势，或擅长硬件，或拥有丰富的应用场景，或具有深厚的技术积累。为推动本土AI 产业的发展，各国政府纷纷推出优惠政策并投入巨资。最常见的投资方向包括计算基础设施建设（如英国、印度、日本、韩国、新加坡）、人才培养（如英国、阿联酋、法国、韩国、新加坡）、工业应用促进（如德国、韩国）以及中小企业扶持（如法国、新加坡）。

国际竞争的好处在于它能够促进全球人工智能产业的发展。在全球激烈竞争的背景下，各国地区纷纷加大对 AI 的支持力度，这吸引了大量私人资本进入 AI 领域，为技术研发注入了充足的资金，极大地加速了技术的创新和商业化进程。同时，国际竞争也促使各国（地区）政府重视 AI 教育和培训体系的建设，通过开设专业课程、提供职业培训等手段，培养了大量具备前沿技术研发和应用能力的专业人才。此外，竞争还推动了产学研深度融合，促进了科研机构、高校与企业之间的紧密合作，形成了协同创新的良好生态，为 AI 产业的持续繁荣奠定了坚实基础。

然而，国际竞争也带来了一系列不容忽视的风险。首先，某些国家（地区）的竞争策略带有明显的技术民族主义的倾向，这对全球科技合作与创新生态产生了破坏性的影响。"技术民族主义"（Techno-nationalism）一词最初被用来形容美国在 20 世纪 80 年代的政策转变。当时，为了遏制日本高科技产业的崛起，美国对其采取了一系列限制性措施，包括禁止进口日本的特定产

---

① 中国科学院网信工作网. 新加坡发布《国家人工智能战略 2.0》［R/OL］. 网络安全和信息化动态，（2024-02-01）［2025-02-15］. https：//ecas. cas. cn/xxkw/kbcd/201115_144839/ml/xxhzlyzc/202402/t20240201_5004593. html.

② 新华财经. 新加坡多举措支持中小企业使用人工智能［N/OL］. 2024-10-31［2025-02-15］. https：//www. cnfin. com/hg-lb/detail/20241031/4130575_1. html.

品、阻挠日本企业对美国企业的并购、限制日本人士参加美国的科技会议，以及阻止日本资本流向美国的大学等[4]。

其次，各国（地区）政府竞相支持本土 AI 产业，这有可能造成过度投资、催生技术泡沫。如前所述，在 20 世纪 80 年代的第二轮人工智能浪潮中，日本、美国和英国政府在技术竞争的推动下，纷纷投入巨资以发展 AI 技术，结果损失惨重。近年来，随着第三波人工智能浪潮的兴起，各国（地区）政府再次对人工智能表现出浓厚兴趣，并在短短几年内倾注了大量公共资源以支持该产业的发展。尽管这些措施可以促进私人投资、推动技术进步，但也可能激发新一轮的非理性繁荣，加剧行业波动，导致资源浪费，最终对行业的长期发展产生负面影响。

再次，一些国家（地区）在人工智能监管方面表现出"逐底竞争"的倾向，这种短视行为可能损害全球科技治理的共同努力。鉴于人工智能技术的迅猛发展所带来的社会、经济与政治风险，国家（地区）之间开展合作以应对并化解这些风险显得尤为重要。然而，一些国家（地区）为了加速本土 AI 产业发展以获得国际竞争优势，可能会过度放宽监管标准。例如，日本在 2018 年修改了《著作权法》，放宽了对使用受版权保护的资料训练 AI 模型的限制，这使日本成为一些人眼中的"机器学习天堂"，但也引发了一些创作者和媒体的担忧，认为这侵犯了他们的合法权益①。目前，关于如何应对与生成式 AI 相关的版权问题，尚存诸多争议。然而，若不能在各方利益相关者之间找到一个平衡点，则不仅会削弱公众对人工智能的信任，还可能妨碍该行业的持续健康发展[5]。

最后，国家（地区）间的竞争可能推动人工智能的武器化，这有可能加剧地缘政治冲突，甚至引发无法预料的灾难性后果。随着各国（地区）争相研发先进的 AI 武器系统，一场悄无声息的军备竞赛已悄然展开。然而，AI 武器可能缺少道德和伦理的限制，其决策逻辑往往基于算法优化而非人类价值观，难以保证其在战争中的应用能够严格遵循国际法和人道主义原则。更为严

---

① 刘林．日本学者：如何界定"机器学习"的版权问题［N/OL］．参考消息，2024－03－13［2025－02－15］．https：//china．cankaoxiaoxi．com/#/detailsPage/%20/ae2af139fd35478c94eaf9165acfc7c3/1/2024－03－13%2020：45？childrenAlias＝undefined．

峻的是，AI 武器的自主性和智能化特性，使其决策过程难以预测。一旦这些武器系统失控或被恶意操纵，可能会触发一系列无法控制的冲突，对全球安全格局构成前所未有的挑战[6]。

鉴于人工智能领域的国际竞争所带来的各种风险，各国（地区）有必要摒弃零和博弈的思维，积极展开对话与合作，并加强国际 AI 治理体系的建设，确保技术发展不会偏离人类共同价值观的轨道。只有这样，人工智能才能真正成为推动社会进步、增进人类福祉的强大力量，而非悬于头顶的"达摩克利斯之剑"。

二、国际治理合作的现状与挑战

2019 年，欧盟发布了《可信赖的人工智能伦理指南》①；同年，OECD 发布了《关于人工智能的建议》②；2021 年，联合国教科文组织通过了《人工智能伦理建议书》③。这些文件的发布代表着 AI 治理领域的国际合作的初步成果。此后，国际社会在 AI 治理方面的合作持续深化，虽取得若干重要进展，但也显现出了明显的阵营分化现象。总体而言，当前国际 AI 治理合作主要沿着三条轨迹进行：首先是西方国家主导的"广岛进程"、《人工智能与人权、民主和法治框架公约》以及全球人工智能峰会；其次是联合国框架下的多项 AI 合作协议；最后是荷兰与韩国共同倡导的"军事领域负责任使用人工智能"（REAIM）峰会。本部分将对这三条路径进行详细解读，阐述相关合作成果，并深入探讨国际 AI 治理合作所遭遇的主要挑战。

"广岛进程"是在日本担任七国集团（G7）轮值主席国期间，于 2023 年5 月在日本广岛举办的 G7 峰会上宣布启动的。该进程致力于应对生成式 AI 技

---

① 方莹馨. 欧盟发布人工智能伦理准则［N］. 人民日报，2019-04-11（07）.

② OECD. AI Principles［EB/OL］.［2025-02-15］. https：//www.oecd.org/en/topics/ai-principles.html.

③ 中国科学院科技战略咨询研究院. 联合国教科文组织发布《人工智能伦理建议书》［R/OL］. 科技政策与资讯快报，（2022-06-06）［2025-02-15］. http：//casisd.cas.cn/zkcg/ydkb/kjzcyzxkb/2022/zczxkb202202/202206/t20220606_6458039.html.

术所带来的挑战，并努力构建一个可互操作的治理框架，以对抗全球技术治理碎片化的趋势。在"广岛进程"的框架内，G7 国家发布了《广岛进程组织开发先进人工智能系统的国际指导原则》和《广岛进程组织开发先进人工智能系统的国际行为准则》，共确立了 11 项指导原则，涵盖了从全生命周期监管、透明度与问责机制、信息共享与披露机制、安全风险管理机制、数字水印技术、国际技术标准制定，到保护个人数据和知识产权以及应对全球性挑战等多个方面①。

《人工智能与人权、民主和法治框架公约》（以下简称《AI 公约》）于 2024 年 9 月 5 日由欧洲委员会宣布正式向全球各国（地区）开放签署。该公约由 57 个国家（地区）参与讨论，其中包括加拿大、以色列、日本、澳大利亚等 11 个非欧盟成员国。美国、欧盟、英国、以色列等 10 个国家（地区）和组织成为首批签署该公约的成员。这是全球首部具有法律约束力的公约。公约为 AI 规定了一系列原则，包括保护隐私和个人数据、平等和非歧视、不损害人的尊严和自主，并要求签署方在 AI 系统全周期内评估、管理、监督可能产生的影响，确保透明度和公众参与机制。截至本书撰写之时，《AI 公约》尚待各签署方的国家（地区）内立法机构批准，以正式生效②。

AI 安全领域的另一大盛事——全球人工智能峰会目前已举办了三届。首届峰会以"安全"为主题，于 2023 年 11 月 1 日至 2 日在英国布莱奇利园召开。会上，中国、美国、英国等 28 个国家（地区）以及欧盟共同签署了《布莱切利宣言》，承诺将以安全、以人为本、值得信赖和负责任的态度来设计、开发、部署和使用人工智能技术③。作为该会议的后续，人工智能首尔峰会于 2024 年 5 月 21 日至 22 日在韩国首尔召开。在这次会议上，七国集团（G7）、新加坡、澳大利亚和韩国共同签署了《关于安全、创新和包容性人工智能的

① 江天骄. 日本以"广岛进程"谋求人工智能国际规则话语权［N/OL］. 澎湃新闻，2024-03-19［2025-02-15］. https：//www. thepaper. cn/newsDetail_ forward_ 26720256.

② 肖潇. 世界首个有法律约束力的 AI 公约出炉，欧美英已签署［N/OL］. 21 世纪经济报道，2024-09-06［2025-02-15］. https：//www. 21jingji. com/article/20240906/herald/0aedd98adf650c4e2cc7f64425e6ad3d. html.

③ 郭爽，许凤. 首届人工智能安全峰会发布《布莱奇利宣言》［N/OL］. 新华网，2023-11-03［2025-02-15］. https：//www. news. cn/world/2023-11/03/c_ 1129955096. htm.

首尔宣言》（以下简称《首尔宣言》）以及《首尔人工智能安全科学国际合作意向声明》（以下简称《首尔声明》）。在会议期间，16 家全球领先的 AI 企业联合签署了《前沿人工智能安全承诺》，承诺建立一个确保人工智能安全的治理框架、提高其透明度，并负责任地评估和减轻前沿人工智能模型所带来的风险①。

第三届峰会于 2025 年 2 月 10 日至 11 日在巴黎召开。这次峰会以"行动"为主题，旨在推动人工智能治理从理论探讨转向实际合作。会上，包括中国、法国、印度、日本在内的 61 个国家（地区）共同签署了《关于发展包容、可持续的人工智能造福人类与地球的声明》（以下简称《巴黎人工智能宣言》），承诺推动"开放、包容、道德"的 AI 技术发展，呼吁加强人工智能治理的协调，倡导"全球对话"，并呼吁避免"市场集中"，以提升 AI 技术的可及性。然而，美国、英国拒绝签署该宣言②。

以上便是由西方国家（地区）主导的三大国际 AI 治理合作框架的概述。从中不难看出，这些框架或多或少存在缺乏包容性的问题。"广岛进程"和《AI 公约》的形成仅限于西方阵营内部的讨论，其中的问题显而易见。全球人工智能峰会则在包容性和排他性之间来回摇摆。首届由英国主办的峰会曾邀请包括中国在内的多个发展中国家（地区）参与讨论并签署宣言。然而，在韩国举办的第二届峰会上，应美国的要求，所有非西方阵营的国家（地区）被排除在讨论之外③。即便如此，此次峰会所产生的成果文件——《首尔宣言》仍被冠以"包容性"之名，这不得不说颇具讽刺意味。第三届峰会重新回归了包容性的轨道，并获得了更多国家（地区）的支持与认同。然而，AI 领域的两个强国美国和英国拒绝签署《巴黎人工智能宣言》，这无疑是一大憾事。

更大的包容性体现在联合国框架下的多项国际 AI 合作协议中。2024 年

---

① 高雅. 人工智能首尔峰会召开，OpenAI 等 16 家 AI 公司作出了什么安全承诺？［N/OL］. 第一财经，2024-05-22［2025-02-15］. https：//www. yicai. com/news/102120559. html.

② 问舟. 中国、法国、印度、日本等 61 个国家签署巴黎人工智能宣言［EB/OL］. IT 之家.（2025-02-11）［2025-02-15］. https：//www. ithome. com/01830/162. htm.

③ 何文翔，李亚琦. 首尔峰会之后：全球 AI 安全治理的现状、权力与路线之争［EB/OL］. 复旦中美友好互信合作计划，（2024-06-17）［2025-02-15］. https：//fddi. fudan. edu. cn/6c/53/c21253a683091/page. htm.

3 月 21 日，联合国大会协商一致通过题为"抓住安全、可靠和值得信赖的人工智能系统带来的机遇，促进可持续发展"的决议。这是联大通过的首个有关 AI 的决议。该决议强调，AI 系统在设计、开发、部署和使用等过程中必须以人为本、符合道德、具有包容性，并充分尊重人权和国际法，以加速推动实现所有 17 项可持续发展目标。该决议要求确保 AI 惠及所有国家（地区），弥合发达国家（地区）和发展中国家（地区）之间以及国家（地区）内部的数字鸿沟，推动数字化转型，促进和平。该决议获得了 120 多个国家（地区）的支持①。

2024 年 7 月 1 日，第 78 届联合国大会协商一致通过了关于加强人工智能能力建设的国际合作决议。该决议强调人工智能发展应坚持以人为本、智能向善、造福人类的原则，鼓励通过国际合作和实际行动帮助各国（地区）特别是发展中国家（地区）加强人工智能能力建设，增强发展中国家（地区）在人工智能全球治理中的代表性和发言权，倡导开放、公平、非歧视的商业环境，支持联合国在国际合作中发挥中心作用，实现人工智能包容普惠可持续发展，助力实现联合国《2030 年可持续发展议程》。该决议由中国主提，140 多个国家（地区）参加了该决议的联署②。

2024 年 9 月 22 日，在联合国总部召开的"未来峰会"上，与会各国领导人通过了《全球数字契约》（*Global Digital Compact*，GDC）。这是全球第一个得到普遍认可的关于人工智能治理的框架。该契约承诺建立一个独立的国际科学小组，启动联合国内部关于人工智能治理的全球对话，确保每个国家（地区）都能参与其中。该契约还要求为最需要的地方培养人工智能能力提供创新融资选项，确保发展中国家（地区）得到全力支持。该契约由联合国秘书长安东尼奥·古特雷斯（António Guterres）提出，得到了 193 个联合国成员国的支持③。

① 尚绪谦. 联大通过首个关于人工智能的全球决议［N/OL］. 新华网，2024-03-22［2025-02-15］. http：//world. people. com. cn/n1/2024/0322/c1002-40201373. html.

② 李志伟. 第 78 届联合国大会协商一致通过加强人工智能能力建设国际合作决议［N/OL］. 人民网，2024-07-02［2025-02-15］. http：//world. people. com. cn/n1/2024/0702/c1002-40268991. html.

③ 联合国新闻. "未来峰会"通过《未来契约》古特雷斯呼吁与时俱进、面向未来［N/OL］. 联合国新闻，2024-09-22［2025-02-15］. https：//news. un. org/zh/story/2024/09/1131646.

以上便是联合国框架下的国际 AI 合作协议的概述。尽管这些协议的启动时间较晚，却获得了更多国家（地区）的支持，主要是因为它们更充分地回应了广大发展中国家（地区）关注的问题，如缩小"数字鸿沟"、提升发展中国家（地区）在国际合作中的代表性等。值得一提的是，加强人工智能能力建设国际合作决议在很大程度上体现了《全球人工智能治理倡议》的核心理念。该倡议由中国国家主席习近平在 2023 年 10 月举办的第三届"一带一路"国际合作高峰论坛上提出。该倡议围绕人工智能的发展、安全、治理三大方面，系统性地阐述了人工智能治理的中国方案，为全球人工智能发展与治理指明了方向。

人工智能领域的另一个国际治理合作框架是"军事领域负责任人工智能"（REAIM）峰会。首届峰会于 2023 年 2 月 15 日至 16 日在荷兰海牙召开，吸引了来自全球 100 多个国家（地区）的 2000 余名政府代表、智库机构、专家学者及产业界人士等参会。会议发布的《负责任地在军事领域使用人工智能的行动倡议》（*REAIM Call to Action*）得到了 60 个国家（地区）的认可和支持①。第二届 REAIM 峰会则于 2024 年 9 月 9 日至 10 日在韩国首尔召开，来自 96 个国家（地区）的 2000 多人参会。这次峰会上，61 个国家（地区）签署了一份名为"行动蓝图"（Blueprint for Action）的非约束性文件。该文件提出了在军事领域建立 AI 规范的路线图，强调了遵守国际法、让人类承担责任并接受问责、确保 AI 的可靠性和可信度、保持适当的人类参与并提高 AI 的可解释性的原则②。

以上就是近年来国际人工智能治理合作领域取得的一些关键进展。总体而言，各国（地区）政府对于人工智能治理这一新兴议题表现出了高度的关注，并通过举办国际会议等方式，广泛征集专家和公众意见，同时致力于增进国家（地区）间的交流与理解。通过这些努力，各国（地区）在人工智能治理方面取得了一些共识，为未来进一步的合作奠定了基础。然而，随着合作的不断深

---

① 南博一. 中美等 60 多国签署声明，支持在军事领域"负责任使用"人工智能［N/OL］. 澎湃新闻，2023-02-17［2025-02-15］. https：//www. thepaper. cn/newsDetail_forward_21954116.

② Ministry of Foreign Affairs, Republic of Korea. Outcome of Responsible AI in Military Domain（REAIM）Summit 2024［EB/OL］.（2024-09-10）［2025-02-15］. https：//www. mofa. go. kr/eng/brd/m_5676/view. do? seq＝322676.

入，一些问题和挑战也逐渐浮出水面，需要国际社会共同面对和解决。

首先，部分协议的实施效果存在较大的不确定性。诸如《布莱切利宣言》和 REAIM "行动蓝图" 等文件，由于缺乏法律约束力，难以对各国（地区）的行为产生实质性的影响。即便是像《AI 公约》这样具有法律约束力的文件，能否得到各国（地区）政府的批准和落实也尚不确定。特别值得注意的是，鉴于美国退出《巴黎协定》和《跨太平洋伙伴关系协定》（TPP）的历史，其政策立场的潜在变化值得我们高度警惕。在本书撰写之际，美国正处于政府换届时期，新上任的特朗普政府是否会推翻前任政府所签署的一些协议，导致国际 AI 治理合作的部分成果付诸东流，仍是一个悬而未决的问题。

其次，发展中国家（地区）的需求未得到充分关注。近年来，大多数 AI 领域的合作框架和技术标准由发达国家（地区）主导和推动，发展中国家（地区）常常因为资金、技术和监管能力的不足而处于被边缘化的境地。然而，在缺乏有效监管的环境下，发展中国家（地区）更易受到 AI 导致的数据滥用、隐私泄露等风险的侵袭，更易面临由算法偏见引发的社会不公，一些最不发达国家（地区）甚至有可能遭受 AI 武器化所带来的暴力冲突的巨大创伤。若持续忽视发展中国家（地区）的需求，不仅会降低全球 AI 治理体系的全面性和有效性，还可能催生新的国际矛盾，加剧国家（地区）之间的不平等。因此，各国（地区）应积极履行联合国相关决议，致力于提升 AI 技术的包容性，确保更多的发展中国家（地区）能够参与到国际 AI 治理体系的建设中来。

再次，在当前错综复杂的地缘政治背景下，立场不同的国家（地区）之间难以消除戒心以共同应对由人工智能引发的安全挑战。在本书撰写之际，俄乌冲突仍在持续，双方均开始使用含有 AI 技术的武器系统。据路透社报道，乌克兰已经收集了数百万小时的战场视频，用于训练 AI 模型[①]。诸如此类的情况会不会让各国陷入 "囚徒困境"，进而导致国际 AI 治理合作的失败，无疑令人担忧[7]。

最后，各国亟须加速人工智能安全标准的制定进程。尽管各大国际合作框

---

① HUNDER M. Ukraine Collects Vast War Data Trove to Train AI Models［N/OL］. Reuters，2024-12-21［2025-02-15］. https：//www. reuters. com/technology/ukraine-collects-vast-war-data-trove-train-ai-models-2024-12-20/.

架已初步界定了相关的治理原则，但将这些原则转化为具体、可操作的技术标准仍面临挑战。当前，国际层面的 AI 安全标准，例如，G7 集团的《广岛进程先进人工智能系统开发组织国际行为准则》等，多由发达国家（地区）主导。发展中国家（地区）亟须依托联合国相关决议，加速制定符合全球各方的实际需求的 AI 安全标准，以确保技术进步与安全监管同步推进。同时，保障不同 AI 安全标准间的互操作性亦是一个亟待关注的问题。

三、技术不确定性下的国际竞争格局展望

近年来，人工智能领域最受关注的一个话题是：AGI 将会在何时实现？AGI 是 Artificial General Intelligence 的缩写，中文译为"人工通用智能"或"强人工智能"。它是一种具备广泛智能的人工智能系统，可以执行任何智能生物能够执行的智力任务。与专门针对特定任务设计的弱人工智能（如语音识别、图像识别等）不同，AGI 具有自主学习、推理、规划、感知、语言理解和创造等能力，并能够在多个领域和任务中灵活运用这些能力[8]。AGI 被誉为人工智能领域的"圣杯"，长期以来吸引了无数研究者孜孜不倦地探索与追求。

随着生成式 AI 技术的飞速进步，业界的乐观情绪也随之高涨，一些专家预测 AGI 可能在未来几年内成为现实。2023 年 6 月的北京智源大会上，OpenAI 的 CEO 萨姆·奥尔特曼（Sam Altman）声称，他预测"超强人工智能在十年内就会出现"①。2024 年 8 月，诺贝尔物理学奖得主、"深度学习之父"杰弗里·辛顿在一次接受采访时声称，在未来五年内先进 AI 模型"很有可能比人类更擅长推理"②。

AGI 可能对全球政治经济格局产生深远的影响。一些观点认为，率先实现

---

① 邓咏仪. Sam Altman 2023 首次中国演讲：十年内将出现超级人工智能，再呼吁 AI 监管国际合作［EB/OL］.（2023-06-10）［2025-02-15］. https：//www.36kr.com/p/2295370137212675.

② PELLEY S, CHASAN A, WEISZ A, et al. The Risks and Promise of Artificial Intelligence, According to the "Godfather of AI" Geoffrey Hinton［N/OL］. CBS News, 2023-10-08［2025-02-15］. https：//www.cbsnews.com/news/artificial-intelligence-risks-dangers-geoffrey-hinton-60-minutes/.

AGI 的国家（地区）可以利用它加速科技发展，从而拉开与竞争对手之间的差异。2024 年 11 月 19 日，曾经担任过美国人工智能国家安全委员会（NSCAI）主席的谷歌前首席执行官埃里克·施密特（Eric Schmidt）在哈佛大学政治研究所论坛上表示，AGI 可以作为"AI 科学家"，以比人类科学家快得多的速度推进科学发展，这意味着第一个实现 AGI 的国家（地区）将享有"非常、非常深远的优势"。施密特还强调说，谁先谁后至关重要，因为即使是微小的差异，如几个月的时间，也可能被无限放大①。

实现 AGI 的前景也加剧了各国（地区）对安全方面的担忧。2023 年 3 月，在 OpenAI 推出 GPT-4 之后不久，专注于 AI 安全的非营利组织"生命未来研究所"（Future of Life Institute）发布了一封公开信，建议暂停开发更高级的 AI 系统 6 个月。这一倡议获得了超过 1000 位业界领袖和技术专家的支持，其中包括特斯拉的首席执行官埃隆·马斯克（Elon Musk）、苹果的联合创始人史蒂夫·沃兹尼亚克（Steve Wozniak）、图灵奖得主约书亚·本希奥（Yoshua Bengio）等知名人士②。之后，杰弗里·辛顿也表达了相似的观点，认为人工智能可能构成对人类的"生存威胁"（Existential Threat）③。

然而，人类离 AGI 究竟还有多远，这是一个颇有争议的话题。2024 年 5 月 17 日，图灵奖得主约书亚·本吉奥（Yoshua Bengio）牵头发布了《先进人工智能安全国际科学报告》的中期报告。该报告由 75 位人工智能领域的顶尖专家共同撰写，对人工智能的前沿技术进展进行了迄今为止最为全面和准确的评估。根据这份报告，过去十年间，人工智能在计算机视觉、语音识别、图像识别等任务上的表现已经达到甚至超越了人类平均水平。然而，在概念理解和抽象推理能力方面，人工智能仍显不足。至于未来几年内，人工智能是否能显著提升这些能力，从而达到 AGI 的水平，专家的意见存在显著分歧[9]。

---

① MAO W C, PATEL D T. Former Google CEO Eric Schmidt Says U. S. Trails China in AI Development [N/OL]. The Crimson, 2024-11-19 [2025-02-15]. https：//www. thecrimson. com/article/2024/11/19/eric-schmidt-china-ai-iop-forum/.

② 智东西. 叫停 GPT-5，马斯克、图灵奖得主联名上书：至少停 6 个月 [N/OL]. 澎湃新闻，2023-03-30 [2025-02-15]. https：//www. thepaper. cn/newsDetail_forward_22497385.

③ 智东西. 76 岁深度学习之父 Hinton 离职谷歌，发表 AI 威胁论，悲观预言灾难性风险 [N/OL]. 澎湃新闻，2023-05-04 [2025-02-15]. https：//www. thepaper. cn/newsDetail_forward_22935319.

一些专家认为，未来几年内实现 AGI 的可能性不大。他们指出，目前基于深度学习算法的 AI 模型尚缺少构成真正的智能的一些关键要素，例如，因果推理、常识推理、基于少量数据进行抽象思考以及构建世界模型的能力。这些专家强调，AI 在这些能力上的缺陷无法仅通过增加模型规模或改进现有技术来克服，而是需要在基础理论上取得重大突破。至于这些理论突破何时能够到来，目前还无法有效预测[9]。

另一些专家则认为，AGI 或可通过扩展模型规模来实现。他们的依据是"涌现"（Emergence）现象，即随着模型的扩大，系统内部会自发产生一些新的、不可预测的特性或行为。然而，这条技术路线面临诸多实际问题，包括数据不足、AI 芯片获取不易、成本高昂以及能源供应不足等[9]。特别是数据匮乏，几乎已成为一个不可逾越的障碍。2024 年 12 月 13 日，OpenAI 联合创始人兼前首席科学家伊尔亚·苏茨克维（Iiya Sutskever）在 NeurIPS 会议上发表演讲，将数据比作人工智能的"化石燃料"，并指出随着数据峰值的到来，目前的大模型预训练方法已经触及性能的极限，人工智能领域亟须寻找新的发展路径①。鉴于他在业界的影响力，此番言论在大模型开发者中引起了极大的震动。

还有一些研究者正致力于通过改进现有技术来实现 AGI。其中一种主要策略是利用思维链（Chain of Thoughts）来增强大语言模型的推理能力。思维链的原理在于将复杂问题拆解为一系列更小、更易于管理的步骤，以此提升大模型推理过程的深度和连贯性[9]。自 2024 年 9 月以来，OpenAI 陆续推出了多个基于思维链的推理模型，如 GPT-o1 等。这些模型在数学竞赛、编程、科学问题解答等领域表现出色，据称其推理能力已达到人类博士生的水平②。然而，也存在一些质疑的声音，认为大模型并不具备真正的推理能力，它们所展示的推理实际上只是复杂的模式匹配③。而且，这些推理模型的使用成本很高，例如，

---

① 机器之心. Iiya Sutskever 在 NeurIPS 炸裂宣判：预训练将结束，数据压榨到头了（全文＋视频）[EB/OL].（2024-12-14）[2025-02-15]. https：//www.jiqizhixin.com/articles/2024-12-14-3.

② 量子位. 突发！OpenAI 发布最强模型 o1：博士物理 92.8 分，IOI 金牌水平 [N/OL]. 澎湃新闻，2024-09-13 [2025-02-15]. https：//www.thepaper.cn/newsDetail_forward_28728750.

③ 学术头条. 苹果发文质疑：大语言模型根本无法进行逻辑推理 [N/OL]. 36 氪，2024-10-13 [2025-02-15]. https：//www.36kr.com/p/2990196901784581.

GPT-o1 的订阅费用高达每月 200 美元，是其前一代大模型 GPT-4o 的 10 倍①。

除技术挑战外，大模型行业面临的财务挑战日益显著。近年来，生成式 AI 吸引投资的速度远超其收入增长的速度。据红杉资本估算，2024 年全年，大模型行业需要实现至少 6000 亿美元的营收，才足以覆盖其投资成本。然而，预计在这一年中，全球大型科技公司和初创企业通过大模型获得的总收入将不会超过 1000 亿美元，与盈亏平衡线之间存在至少 5000 亿美元的缺口。这意味着，如果大模型的盈利能力不能迅速提升，投资者可能面临泡沫破裂的风险②。雪上加霜的是，近期中国 AI 企业 DeepSeek 推出了一款既廉价又功能强大的开源大模型，分析人士认为，这可能会导致整个 AI 产业的估值下降③。

美国政府内部有人主张加大对人工智能行业的支持力度。2024 年 11 月 19 日，美国国会下属的美中经济与安全审查委员会（USCC）向国会提交了一份长达 793 页的报告，建议美国启动一个类似于"曼哈顿计划"的 AI 研发项目，用于资助和支持 AGI 的研发，从而在与中国的竞争中保持领先。该报告提议国会向行政部门提供慷慨的拨款和授权，以资助"领先的人工智能、云和数据中心公司"。该报告还提出，应将 AI 项目赋予与国防项目同等的最高优先权，限制中国参与美国生物技术公司的研究和交易，并禁止进口由中国实体控制的某些技术和服务④。

该报告引发了巨大的争议。一些行业参与者欢呼雀跃，例如，谷歌首席执行官桑达尔·皮查伊（Sundar Pichai）声称，"这些能加速人工智能进步的大型物理基础设施项目让我们感到非常兴奋"⑤。长期关注 AI 安全的未来生命研究所（Future of Life Institute）的创始人麦克斯·泰格马克（Max Tegmark）则

---

① 硅星人. OpenAI 新发布："满血版" o1 和每月 200 刀的"天价会员"［N/OL］. 虎嗅网，2024-12-06［2025-02-15］. https：//www. huxiu. com/article/3764073. html.

② CAHN D. AI's ＄ 600B Question［EB/OL］.（2024-06-20）［2025-02-15］. https：//www. sequoiacap. com/article/ais-600b-question/.

③ 周毅. DeepSeek 掀翻美股，凭什么？［N/OL］. 观察者网，2025-01-28［2025-02-16］. https：// www. guancha. cn/economy/2025_01_28_763545. shtml.

④ 张译心. 深扒美国"AI 曼哈顿计划"，能追溯到 9 年前这封邮件［N/OL］. 观察者网，2024-11-28［2025-02-15］. https：//www. guancha. cn/internation/2024_11_28_757058. shtml.

⑤ TIMOTIJA F. Google CEO Eyes AI 'Manhattan Project' after Trump Inauguration［N/OL］. The Hill，2024-12-13［2025-02-15］. https：//thehill. com/policy/technology/5039230-sundar-pichai-donald-trump-artificial-intelligence-manhattan-project/.

对该计划提出了严厉的批评，认为这是一场"自杀式"的竞争。他指出，报告中关于 AGI 完全可控的暗示是欺骗性的，因为"任何系统如果比人类更擅长研究和开发 AI，那么它将以惊人的速度改进和复制自己，这将对国家安全构成严重威胁"①。

另外一些人则认为限制中国的措施难以奏效。谷歌前 CEO 埃里克·施密特在 2024 年 12 月 16 日接受采访时指出，尽管美国一直试图减缓中国的发展速度，"但成效并不显著"，令人惊讶的是，中国反而推出了能够与美国顶尖产品相媲美的人工智能模型②。

以上便是截至本书撰写之时，关于 AGI 议题的科学探讨和政策博弈所呈现的若干重要事实。总体而言，这些事实交织着技术路线的不确定性、行业利益的纷争以及国际竞争的激烈态势，构成了一幅极为复杂的图景。尽管如此，我们仍能尝试在上述事实中提炼出一些有用的观点。

首先，"AI 曼哈顿计划"的一个主要目的是缓解美国人工智能产业所面临的困境。截至本书写作之际，除 ChatGPT 外，大模型领域尚未诞生"杀手级"应用，即那种能够显著推动技术进步、重塑市场格局并为用户带来颠覆性体验的产品。与此同时，激烈的市场竞争使整个行业盈利困难。目前，来自私人部门的投资是支撑该行业运转的主要资金来源。而一旦投资者信心动摇，整个行业可能迅速陷入难以维系的境地。在这种情况下，能否获得政府的资金支持，直接关系到一些企业的生死存亡。因此，建议投入巨额资金以支持人工智能产业的"AI 曼哈顿计划"，立即受到了行业参与者的追捧。

虽然"AI 曼哈顿计划"的推出在很大程度上受到行业利益的推动，但它同样在一定程度上反映了美国的国家战略利益。倘若正如一些人所宣称的，AGI 能加速科学进步并扩大与对手之间的差距，那么对于美国而言，率先实现AGI 便成了巩固技术霸权、维持全球主导地位的关键。近年来，美国面临多重挑战：在国内，产业空心化趋势难以遏制，政府债务持续上升，社会矛盾越发

① TEGMARK M. Max Tegmark on AGI Manhattan Project［EB/OL］.（2024-11-20）［2025-02-15］. https：//futureoflife. org/statement/agi-manhattan-project-max-tegmark/.

② SCHMIDT E. Chinese AI Technology Has Caught up at a 'Remarkable' Speed［N/OL］. ABC News，2024-12-16［2025-02-15］. https：//abcnews. go. com/ThisWeek/video/chinese-ai-technology-caught-remarkable-speed-eric-schmidt-116804931.

尖锐；在国外，中国等新兴大国的崛起，给美国带来了空前的竞争压力，世界多极化趋势越发明显。在这样的背景下，若美国能率先实现 AGI，不仅能增强国内产业的竞争力，还能在国际舞台上压制竞争对手，其战略价值不可估量。而且，鉴于美国目前在人工智能领域占据领先地位，由其率先实现 AGI 的可能性高于其他国家（地区）。由此看来，美国有充分的理由以全力推动人工智能技术的发展。

然而，以上设想是否成立，取决于一个关键的前提：短期内实现 AGI 是可能的。如果这个前提不成立，那么美国的技术领先优势可能会随着时间的流逝而逐渐减弱。假设 AGI 的实现被推迟到十年或二十年之后，那么中国、欧盟等竞争对手将拥有足够的时间来补全各自的短板，从而具备与美国一争高下的实力。到那时，美国在 AI 领域的大规模投资所取得的前期成果，将随着技术扩散，成为竞争对手进步的垫脚石。在这种情况下，美国不仅可能失去技术优势，还面临被反超的风险。

至于 AGI 究竟能否在短期内实现，这主要取决于前沿技术的进展情况。尽管该领域存在极大的不确定性，但正如之前提到的，近期的发展趋势似乎暗示，在短期内实现 AGI 的前景正变得越来越渺茫。近年来，人工智能技术经历了一段迅猛发展的时期，以至于 AGI 似乎触手可及。然而，近期研究者发现，在通往 AGI 的道路上依然存在一些难以逾越的障碍。这些障碍既包括理论上的空白——如对智能本质的理解不足，也包括实践中的挑战——如数据稀缺、成本高昂等。至于何时会出现新的技术突破，为人工智能研究注入新的活力，目前还无法做出有效的预测。

对全人类而言，AGI 的延迟实现未尝不是一件幸事。首先，人工智能带来的一系列安全问题尚有待解决。正如《先进人工智能安全国际科学报告》的中期报告所指出，目前可供开发者和监管者使用的评估和降低 AI 风险的技术手段极为有限[9]。在这种情况下，一旦拥有更强大能力的 AGI 失控，可能会造成重大安全隐患，甚至威胁到人类的生存。其次，AGI 的出现可能会对全球的社会经济秩序带来巨大的冲击，各国（地区）需要更多的时间来做准备，以应对这一潜在的冲击。

在结束本章之前，我们需要对以下几个问题进行澄清：首先，AGI 这一概念存在一定的含糊性，且不同的人会基于自身需求对其进行调整。例如，DeepMind 的联合创始人丹米斯·哈萨比斯（Demis Hassabis）将 AGI 定义为"能够执行几乎任何人类可以完成的认知任务"的系统，而 OpenAI 则将其描述为"高度自主的系统，在最具经济价值的工作中超越人类"[10]。前者将 AGI 的能力局限于认知领域，后者则把经济价值作为判断 AGI 的标准。显然，这些定义缺乏科学性；它们更多地反映了不同机构或个人的主观理解和利益诉求，而非对 AGI 本质特征的客观描述。我们在讨论 AGI 的时候，有必要规避这些潜在的歧义，并建立一个更为精确和统一的定义框架。这不仅有助于研究者之间的沟通，也对制定相关政策和法律至关重要。

其次，关于 AGI 能够在短期内显著拉开国家（地区）间差距的观点，也值得怀疑。过往经验表明，AI 对生产力的提升并非立竿见影，其在各行各业的普及速度受到数据可用性、应用场景及辅助软件等多种因素的限制。同样，在科学研究领域，由于各学科特性迥异，AI 在不同学科的应用效果和推进速度可能存在显著差异。例如，在数据密集型学科，如生物信息学或天文学，AI 可能更容易发挥其优势，甚至在未达到 AGI 的能力水平之前，就能发挥重大作用；而在那些需要高度创造性或复杂人际互动的领域，如艺术创作或社会学研究，AI 的应用可能会面临更多挑战，即便是 AGI 也可能无法完全取代人类研究者的作用。此外，AGI 的开发和应用还涉及伦理、法律和社会接受度等复杂问题，这些问题的解决需要时间。因此，尽管 AGI 在理论上拥有巨大的潜力，但其实际影响和推广速度可能比预期更为缓慢。

最后，尽管 AGI 是一个技术概念，但它同样可能成为一种政治话语，被某些人策略性地加以利用。例如，一些国家（地区）或集团可能会围绕 AGI 构建一种"登月"式的叙事框架，并制造出突然取得重大突破的假象，以此来增强民众信心、削弱对手士气。各国（地区）必须对这种话语陷阱保持高度警觉，并对自己的战略路线保持充分的自信；唯有如此，方能在人工智能这一充满不确定性的前沿领域中，更有效地应对激烈的国际竞争。

参考文献

[1] Stanford HAI. The Global AI Vibrancy Tool [EB/OL]. （2024 - 11）

［2025 - 02 - 15］. https：//aiindex. stanford. edu/wp - content/uploads/2024/11/ Global_ AI_ Vibrancy_ Tool_ Paper_ November2024. pdf.

［2］张杰，陈卓. 印度在"全球南方"的数字公共基础设施布局［J］. 现代国际关系，2024（03）：25-43+133.

［3］周颖昕，徐秀军. 日本政府支持人工智能发展的财税政策分析［J］. 国际税收，2023（12）：53-58.

［4］沈辛成. 技术民族主义：源流、局限与前景［J］. 探索与争鸣，2022（02）：27-37+177.

［5］谢宜璋. 生成式人工智能作品训练的版权争议与解决［J］. 中国编辑，2024（11）：38-46.

［6］张煌，杜雁芸. 人工智能军事化发展态势及其安全影响［J］. 外交评论（外交学院学报），2022，39（03）：7-8+99-130.

［7］陈超，张小可. 人工智能治理国际合作：现状、挑战与方向［J］. 当代中国与世界，2023（04）：35-46+123.

［8］LEGG S, HUTTER M. Universal Intelligence：A Definition of Machine Intelligence［J］. Minds and Machines，2007，17（04）：391-444.

［9］UK Department for Science，Innovation and Technology，AI Safety Institute. International Scientific Report on the Safety of Advanced AI：Interim Report［R/OL］. DSIT Research Paper Series No. 2024/009［2025 - 02 - 15］. https：// www. gov. uk/government/publications/international-scientific-report-on-the-safety-of-advanced-ai.

［10］MITCHELL M. Debates on the Nature of Artificial General Intelligence［J］. Science，2024，383（6689）：eado7069.

第五部分

产业政策大转向——国家竞争力的重塑

自 2008 年全球金融危机爆发以来，美欧国家遭遇了经济增长迟缓、社会矛盾激化以及民粹主义兴起等多重挑战。与此同时，新兴国家的崛起对现有的国际秩序造成了前所未有的冲击。在这些错综复杂的国内外因素的共同影响下，欧美国家的产业政策实践发生了深刻的变革。与以往强调自由市场和公平竞争的立场不同，欧美国家开始更加重视政府对关键产业的直接干预。这种干预不仅包括对传统行业的改造和升级，还包括对新兴行业的规划和引导，目的是提升国家竞争力，以期在未来的国际竞争中占据有利地位。

这种转变催生了一系列深远的影响。首先，一些大国开始越来越多地以国家安全为借口，突破 WTO 规则的限制，随意实施各种单边贸易措施。这不仅使多边贸易体系面临严峻挑战，还增加了全球供应链碎片化的风险，加剧了全球经济环境的不确定性。与此同时，学术界对产业政策的理解也经历了深刻的转变。学者突破了新自由主义的框架，开始采用现实主义的视角，对产业政策进行了更为深入和全面的探讨。这一领域的研究取得了丰硕的成果，为政策的制定提供了坚实的理论支持。

本部分旨在对一段时期以来的欧美产业政策理论与实践进行概括性阐述。首先，我们将回顾产业政策的历史沿革及其相关理论，为读者构建一个清晰的背景框架。其次，我们将深入探讨近半个世纪以来美欧实施的各种产业政策，特别关注 2020 年前后出现的一些重大转变。最后，我们将从"再工业化""去风险"和创新政策三个方面，探讨美欧近年来推行的一些重要产业政策的成败得失以及经验教训。

第十三章 对产业政策的新认识

一、产业政策的历史与现状

产业政策的起源可以追溯到 18—19 世纪，当时以美国、德国为代表的后起资本主义国家开始探索运用产业政策保护本国幼稚产业，产业政策的理论基础在这一时期初步形成。德国历史学派的代表人物弗里德里希·李斯特（Friedrich List）对此作出了重要贡献，他的著作《政治经济学的国民体系》于 1841 年出版，系统阐述了幼稚产业保护理论。李斯特认为，落后国家不应直接与发达国家的成熟产业竞争，而应通过贸易保护政策，保护本国幼稚产业对抗外来冲击，使其成长为成熟的产业。他强调，各国产业情况存在差异，处于不同的发展阶段，不能单纯地从比较优势出发参与全球贸易。李斯特的这些观点对后来的产业政策实践产生了深远影响，为理解产业政策的发展提供了重要的历史视角。

"二战"结束后，众多亚洲国家通过推行产业政策，成功地促进了经济的飞速发展和产业结构的显著改善。其中，日本政府于 1946—1949 年实施了"倾斜生产方式"，集中资源发展煤炭和钢铁这两个关键工业部门，从而激发了其他产业的复苏。随后，在 1961—1970 年，日本政府推出了"国民收入倍增计划"，旨在进一步优化产业结构并提高民众的生活标准。得益于这些战略的有效实施，日本在 1955—1973 年迎来了长达 18 年的高速增长期，其间年均经济增长率高达 10.35%。在此背景下，日本经济学界对产业经济理论展开了深入且广泛的探讨，取得了大量的成果，并在此基础上出版了首部以《产业经济学》命名的专著，这标志着产业经济学作为新兴经济学科分支的正式形成[1]。

然而，同一时期的拉美国家实施的进口替代政策却毁誉参半。这些政策旨在减少对外国产品的依赖，推动国内工业的发展，具体措施包括提高关税壁垒、实施进口配额、为本国工业提供低息贷款和税收激励等。这些政策在"二战"后的前 30 年取得了成功，对拉美地区的经济增长起到了强有力的促进作用。据统计，1950—1980 年，拉美地区平均经济增长率达到 5.4%，工业产值增长率更是高达 6.7%；巴西、墨西哥、阿根廷等国建立了比较完整的工业体系，汽车、造船、钢铁等行业接近世界领先水平。但是，这些政策也导致了劳动生产率低下、国际收支状况恶化、国内产业结构失衡及社会贫富差距扩大等问题。到了 20 世纪 80 年代，拉美各国相继爆发政府债务危机，伴随而来的是通货膨胀、资金外流及经济衰退的严重后果。面对这一系列挑战，拉美各国被迫实施战略调整，最终放弃了进口替代政策[2]。

拉美的困境只是 20 世纪 70 年代全球经济问题的一个缩影。在那个时期，全球主要经济体普遍面临"滞胀"——即经济增长停滞与通货膨胀并存的复杂局面，凯恩斯主义的国家干预政策在实践中遭遇了挑战。与此同时，生产力的发展促使资本主义从国家垄断向国际垄断转型，要求对全球生产要素进行优化配置。这两大趋势共同推动了新自由主义在西方经济学界的迅速崛起。这一学派基于对市场机制的笃信和对政府干预的怀疑，向产业政策发起了猛烈的抨击，认为其"在理想状态下无效，极端情况下甚至有害"，理由是补贴和进口关税等干预措施会扭曲市场机制，降低资源配置效率，甚至可能引发寻租与腐败。总之，在多种因素的影响下，20 世纪 80—90 年代，众多发展中国家放弃或大幅修订原有产业政策，转而采纳更为市场化的经济改革措施，国家主导下的经济发展模式走向了衰落[3]。

自 2008 年全球金融危机以来，全球局势再度发生重大变化。各国政府相继推出纾困措施，促使世界银行等国际机构重新聚焦于产业政策，进而在全球范围内激发了产业政策实践与研究的热潮。与此同时，产业数字化与绿色化转型的加速推进，催生了新的监管和治理需求，为产业政策的创新性应用提供了更为广阔的空间。此外，随着特朗普的上台，大国竞争态势加剧，贸易摩擦频发，重大风险事件层出不穷，而发达国家积极推动"制造业回流"，导致全球产业链供应链发生重构。在此背景下，产业政策作为一种兼具进攻与防御功能的战略性工具，日益受到各国重视[4]。

随着新一轮产业政策的兴起，学者开始摆脱新自由主义意识形态的束缚，转而采取更为客观的视角审视产业政策。其中，英国经济学家张夏准（Ha-Joon Chang）在 2002 年出版的《富国陷阱》一书，近年来重新引起了学界的兴趣。在本书中，作者借助详尽的历史数据，深入探讨了英美等国家历史上实行的一系列产业、贸易和技术政策背后的深层原因。他通过这一论证表明，众多富裕国家实际上是借助实施保护主义政策而崛起的；因此，他对当前发达国家试图掩饰其真实的致富历程，从而妨碍发展中国家追赶的做法提出了质疑。这本书激发了学界对何种政策及制度更能促进发展中国家发展的深刻反思[5]。

另一位经济学家玛丽安娜·马祖卡托（Mariana Mazzucato）则在其著作《企业家型国家：揭穿公共与私人部门的神话》中，深入探讨了国家在推动创新中的核心作用。书中，她通过对苹果公司的案例进行详尽分析，凸显了国家支持对企业成功的重要意义，并据此提出了"企业家型国家"理论。该理论强调，政府不仅是市场失衡时的修复者，更是具备企业家精神的风险承担者与市场创造者。马祖卡托认为，国家通过提供"耐心资本"及开拓新市场，成为驱动创新的强大引擎。这些观点对主流经济学中关于政府与市场关系的传统认知构成了挑战，促使人们重新审视国家在现代创新体系中的关键作用[6]。

中国经济学家林毅夫提出的新结构经济学，则为产业政策的实践提供了重要指导。该理论框架运用新古典经济学方法，探究经济体中经济结构的决定因素及其演变。其核心主张为"有为政府"与"有效市场"的结合，强调发展中国家应专注于发展基于其要素禀赋的比较优势产业，以构建竞争优势。增长甄别与因势利导框架（GIFF）作为新结构经济学的政策分析工具，旨在帮助发展中国家识别潜在的比较优势产业，并指导政府应该如何顺应趋势，实施推动产业升级与转型的具体策略。这一学说在国际上被广受认可，被视为继结构主义与新自由主义之后发展理论的第三波思潮，吸引了众多发展中国家的浓厚兴趣[7]。

与此同时，雷卡·尤哈斯（Réka Juhász）等采用实证分析手段，深入探究了当代产业政策的实施现状。他们创新性地运用大语言模型对全球贸易预警数据库（Global Trade Alert Database）进行了细致的分析，成功地识别出现实中为数众多且形式多样的产业政策。研究结果显示，与普遍认知相反，全球最富有的20%国家在产业政策领域扮演了主导角色，其实施的产业政策的规模和数量均远超过中等收入国家和低收入国家。此外，自2018年起，全球产业政策的数量显著增加，且形式日趋多元化，涵盖优惠贷款、贸易融资及本地增加值要求等，早已超越传统的进口关税与补贴的范畴。这些研究为了解当代产业政策的实施现状提供了丰富的数据，深刻揭示了其全球应用趋势与发展动向，具有重要的学术价值与现实意义[8]。

迄今为止，产业政策的理论与实践依旧处于不断探索与完善的进程中，诸多关键问题尚未形成统一认识，对产业政策有效性的质疑一直存在。一些学者甚至断言，从长远来看，政策失败和结构性扭曲是难以避免的[9]。此外，过度依赖规模扩张型的产业策略，不仅潜藏着产能过剩的风险，还容易引发贸易摩擦[10]。

展望未来，以下关于产业政策的议题可能成为学界与政界共同关注的焦点。首先，绿色化和数字化转型的加速，以及人工智能等颠覆性技术的发展，为全球经济注入了新的活力，同时也给传统的产业结构和就业模式带来了前所未有的挑战。在此背景下，产业政策如何在促进创新和增长的同时兼顾环境保护、就业创造以及不平等削减等社会目标，成为一个亟须解决的问题。其次，全球经济环境正在经历重大变化，新兴经济体的快速崛起与传统发达经济体的转型需求共同推动了全球产业格局的调整，并引发了贸易保护主义抬头、技术封锁加剧以及全球产业链重构等一系列问题。在此背景下，如何协调各国的产业政策，以维护全球经济稳定、促进国际合作、实现互利共赢，成为另一个亟须深入研究的课题。

二、产业政策理论综述

近年来，学界对产业政策的理解经历了深刻的变革。在传统观念中，产业政策往往被简化为进口关税与补贴的结合，并被视为一种保护主义手段。尽管出口促进政策在某种程度上被视为例外，但其核心思路仍未脱离保护主义色彩。在现代视角下，产业政策的范畴变得更加宽泛，不再限于传统的贸易保护措施，而是扩展到了研究与创新、就业、环境保护、国防、公共卫生等多个领域。为了达成政策目标，现代产业政策采取了更加灵活和多元化的策略，包括研发税收优惠、贸易信贷、本地含量要求以及公私合作安排等，与传统的产业政策存在显著的差异[8]。

产业政策可分为横向产业政策与纵向产业政策两大类别。横向产业政策侧重于通过增加对教育和基础设施的投资、改善营商环境等措施，为所有产业构建一个良好的发展环境，而不是仅针对特定产业。相对地，纵向产业政策具有明确的目标性，它指的是政府通过提供补贴、设置进口关税、实施税收优惠等手段加速特定产业或企业的发展，以提升其国际竞争力。概括而言，横向产业政策致力于全面赋能，而纵向产业政策则属于精准扶持，两者在目标定位、执行方式以及影响范围上均有差别。在实践中，一个国家实施的纵向产业政策由于违反 WTO 的《补贴与反补贴措施协定》，可能会遭到其他国家的起诉和制裁，而横向产业政策则较少遭遇此类限制[11]。

产业政策领域的理论广泛且多元，但大致可归结为三大类别：第一类理论聚焦于"政府是否应该实施干预"的问题，其典型代表如市场失灵理论、技术外部性理论和战略贸易理论；第二类理论则致力于解答"应对哪些产业实施干预"的问题，其代表包括比较优势理论、幼稚产业保护理论、结构转换理论、产业生命周期理论和主导产业选择理论；第三类理论则回答了"对于选定产业如何有效实施干预"的问题，其代表包括规模经济理论及"蛙跳"理论。接下来，我们将逐一阐述这些理论，深入剖析其政策含义，并介绍它们在实践中的成功案例。通过梳理，旨在为读者提供一个清晰、系统的理论框架，以帮助读者更好地理解产业政策领域的复杂性与多样性。

作为第一类理论的代表，市场失灵理论论证了政府干预经济活动的合理性。该理论指出，在特定情境下，市场机制无法高效地进行资源分配，这可能导致资源配置效率低下或分配不公，这些情况统称为市场失灵。市场失灵主要由四种因素引起：外部性，即个体或企业在生产和消费过程中对未直接参与的第三方产生的未补偿成本或收益；公共品问题，如国防和环境保护这类具有非竞争性和非排他性特征的商品，难以通过市场进行有效提供；信息不对称，即市场参与者之间的信息差异导致交易不公；垄断现象，即单一卖家控制市场，导致价格和产量扭曲。面对市场失灵，政府有必要采取相应的措施，如提供补贴、实施税收优惠或者施加规制，以提高资源配置效率，实现社会福利的最大化[12]。

技术外部性理论与战略贸易理论是市场失灵理论在创新和贸易领域的延续。技术外部性理论强调，企业的研发投资往往能带来超越私人利益的社会效益，例如，促进就业、培育人才及推动上下游产业的发展等，这些均体现了积极的外部效应；因此，政府应当鼓励企业增加研发投入，以期为社会创造更大价值[13]。战略贸易理论则指出，在不完全竞争和规模经济的条件下，政府可以利用补贴、关税、配额等贸易政策干预企业行为，从而增强本国企业的市场竞争力并提高国民福利[14]。这两个理论的政策启示在于，前者为各国政府普遍实施的创新激励政策提供了理论支撑，而后者则为一些国家的政府在飞机、汽车等寡头垄断行业所采取的干预措施提供了理论支持。

比较优势理论作为第二类理论的典范，由英国经济学家大卫·李嘉图（David Ricardo）在其经典著作《政治经济学及赋税原理》中提出。其核心理念在于，即便一个国家在生产所有商品上都不具备绝对优势，它仍可专注于生产相对优势较大的商品，并通过国际贸易获利。该理论的启示是，产业政策应聚焦于本国具有相对优势的产业。这一洞见对于当今的发展中国家而言仍具有重大的现实意义。

幼稚产业保护理论最初由 19 世纪中叶的德国学者弗里德里希·李斯特（Friedrich List）在其著作《政治经济学的国民经济体系》中提出。该理论扩展了李嘉图提出的比较优势的概念，但强调其并非一成不变；对于那些尚处于劣势的"幼稚产业"，后发国家若能给予适度的保护与扶持，这些产业便有望通过发展获得成本优势，从而改变国家在国际分工中的不利地位。这一理论的启示是，产业政策应当聚焦于那些正处于成长期、拥有潜在优势但尚未成熟的"幼稚产业"。

结构转换理论也被称为产业结构高级化理论。它指出，产业结构的转换通常遵循从低级到高级的自然演进过程。随着经济的增长，就业先从第一产业向第二产业转移，随后向第三产业转移。与此同时，技术密集型行业在国民经济中的比重也将逐渐增加，最终占据主导地位[15]。该理论的指导意义在于，它揭示了产业结构的转变是经济增长的客观规律，并指出政府应当顺应这一规律，为新兴产业的发展创造有利条件，同时帮助衰退产业有序退出市场。相反，通过补贴来支撑衰退产业，或在条件尚未成熟时强行促进高端产业的发展，都是不明智的行为。

值得注意的是，20 世纪 80 年代起，越来越多的发展中国家遭遇了过早去工业化的问题，即当人均收入尚处于较低水平时，制造业的就业比例便开始下降，这与结构转换理论的预期相悖。例如，以 1990 年不变价格计算，巴西在去工业化起始时的人均 GDP 仅为 5000 美元，中国为 3000 美元，而印度更是只有 2000 美元。相比之下，美国、英国、德国和瑞典在开始去工业化时，人均收入已接近 1 万美元。过早去工业化的原因可能归咎于全球化和技术进步，其负面效应包括经济增长放缓、就业机会减少以及社会不稳定等。如何应对这一问题，对于全世界的发展中国家来说都是一个巨大的挑战[16]。

产业生命周期理论由美国经济学家雷蒙德·弗农（Raymond Vernon）于 1966 年首次提出，它将产业的发展过程划分为四个阶段：引入期、成长期、成熟期和衰退期。当一个行业进入成熟期，技术逐渐标准化，企业通常会选择迁移到具有成本优势的地区，这为后发国家带来了机遇[17]。类似地，日本经济学家赤松要（Kaname Akamatsu）在 1932 年提出了"雁行模式"。该理论指出，随着技术的成熟，产业会像雁群飞行一样，从发达国家逐步向发展中国家转移[18]。这两个理论的启示是，发展中国家的产业政策应当聚焦于承接那些在发达国家已步入成熟或衰退期的产业。

主导产业选择理论则主张产业政策的制定应当更加注重战略层面的考量。

该理论界定了选择主导产业的几个标准：比较优势基准、产业扩散效应基准、产业关联效应基准以及筱原三代平准则。比较优势基准源自李嘉图等的理论，强调应选择具有相对优势的产业部门，因为它们能成为经济发展的核心动力，带动周边产业的发展。产业扩散效应基准是由罗斯托（Rostow）在其著作《经济增长阶段》中提出的，它认为应当选择那些能够向外扩散其产业优势、推动产业结构升级与优化的产业。产业关联效应基准由赫希曼（Hischman）在《经济发展战略》中阐明，他认为产业间的关联效应能够加速资本积累，提升市场效益，因此主导产业应该选择那些影响范围广、带动效应强的产业。筱原三代平准则总结了规划日本产业结构的两大基准——收入弹性基准和生产率基准。在此理论基础上，一些中国学者结合本国政策实践，又提出了改进后的主导产业选择基准[19]。

产品空间是一种将主导产业选择理论实操化的方法。它构建了一个概念网络，在这个网络中，每个节点代表一种产品，而产品间的距离则反映了它们在技术和生产要素上的相似性——距离越近，相似度越高。在产品空间的视角下，一个国家的产业升级可以视作从某些初始节点向其他节点扩散的过程。若一个国家从位于中心位置的初始节点（如金属产品、机械和化学品）开始，那么它向邻近节点扩散的速度将明显快于那些选择从外围节点（如渔业和谷物农业）开始的国家。因此，该方法的倡导者建议政策制定者优先考虑那些在产品空间中占据中心位置的产业。该方法的优势在于，它将产业关联度和扩散效应等概念具象化，从而提升了主导产业选择理论的实用性和可操作性[20]。

作为第三类理论的代表，规模经济理论揭示了提升特定产业竞争力的有效途径。它涵盖了内部规模经济和外部规模经济两个方面。内部规模经济指的是单位产品的平均成本随着企业生产规模的扩大而下降的现象；外部规模经济描述的是在某一特定区域内，随着相关企业数量的增加，企业之间通过共享资源、技术和市场信息，实现效率提升和成本降低的现象[21]。该理论的启示是，政府一方面可以鼓励企业通过扩展生产规模来降低成本；另一方面可以通过政策引导和基础设施的完善，促进相关企业在特定区域内的集聚，以形成外部规模经济，提升整个产业集群的竞争力。

蛙跳模型（Leapfrogging Model）则描述了后发国家通过采用新技术实现快

速赶超的现象。该理论最初由伯利兹（Brezis）、保罗·克鲁格曼（Paul Krugman）、齐东（D. Tsiddon）于1993年提出。它阐述了在特定情况下，当领先国家因过度依赖旧技术而延迟采纳新技术时，后发国家便能抓住机遇实现"蛙跳式"超越。18世纪英国超越荷兰、19世纪末美国和德国超越英国，都是"蛙跳式"超越的典范[22]。在政策层面，蛙跳理论启示后发国家应利用颠覆性技术带来的战略机遇实现"弯道超车"；而先发国家则需加快适应技术更新换代的速度，以免落入被超越的境地。

尽管上述理论均存在局限性，但它们同样拥有大量的成功案例。例如，众多发展中国家通过承接如服装等劳动密集型产业的国际转移，启动了自身的工业化进程，这验证了比较优势理论和产业生命周期理论的正确性。再如，日本和韩国在20世纪的不同时期，都选择了大力发展钢铁、化工等基础产业，为后续的产业升级打下了坚实的基础，这凸显了主导产业选择理论的价值。此外，中国在高铁、液晶显示器等行业的成功经验，充分证明了规模经济的重要性，而在新能源汽车领域实现对传统汽车制造强国的超越，则是对蛙跳理论的生动诠释。

然而，上述案例大多关注后发国家的追赶过程，并且普遍聚焦于纵向产业政策。由于某些原因，美国和欧盟长期以来对这类政策持保留态度，并多次对实施这类政策的后发国家施加压力。但近年来，美欧一改先前的立场，开始积极采纳纵向产业政策，例如，投入巨额资金以推动战略性新兴产业的发展或提高产业链韧性等。至于这一戏剧性的转变背后的原因及其可能带来的影响，我们将在后续章节中进行详细探讨。

参考文献

［1］翟祥龙.关于产业政策理论研究的若干问题［J］.世界经济研究，1991（05）：10-15.

［2］房建国.拉美进口替代战略的实施、问题和启示［J］.湖北第二师范学院学报，2012，29（10）：85-87.

［3］吴沛益.新自由主义的发展历程、基本观点及其影响［J］.哲学进展，2024，13（08）：1765-1771.

［4］杨丹辉.世界大变局下的产业政策：演进动向与逻辑重构［J］.改革，2023（11）：2-14.

［5］张夏准.富国陷阱：发达国家为何踢开梯子［M］.蔡佳，译.北京：社会科学文献出版社，2019.

［6］张梓彬.重新认识国家在创新活动中的作用——评玛丽安娜·马祖卡托的《企业家型国家：揭穿公共部门与私人部门的神话》［J］.演化与创新经济学评论，2021（02）：27-42.

［7］林毅夫.新结构经济学——重构发展经济学的框架［J］.经济学（季刊），2011，10（01）：1-32.

［8］JUHÁSZ R，LANE N，RODRIK D. The New Economics of Industrial Policy［J］. Annual Review of Economics，2024，16（01）：213-242.

［9］钱雪松，康瑾，唐英伦，等.产业政策、资本配置效率与企业全要素生产率——基于中国 2009 年十大产业振兴规划自然实验的经验研究［J］.中国工业经济，2018（08）：42-59.

［10］田玉红.从外国对华贸易摩擦透视中国产业政策的结构性问题［J］.经济体制改革，2008（02）：40-43.

［11］张小筠，刘戒骄.改革开放 40 年产业结构政策回顾与展望［J］.改革，2018（09）：42-54.

［12］刘辉.市场失灵理论及其发展［J］.当代经济研究，1999（08）：40-44.

［13］沈满洪，何灵巧.外部性的分类及外部性理论的演化［J］.浙江大学学报（人文社会科学版），2002（01）：152-160.

［14］HELPMAN E，KRUGMAN P. Market Structure and Foreign Trade：Increasing Returns，Imperfect Competition，and the International Economy［M］. Cambridge：The MIT Press，1987.

［15］HERRENDORF B，ROGERSON R，VALENTINYI A. Growth and structural transformation［J］. Handbook of Economic Growth，2014，2：855-941.

［16］RODRIK D. Premature Deindustrialization［J］. Journal of Economic Growth，2016，21（1）：1-33.

［17］张会恒.论产业生命周期理论［J］.财贸研究，2004（06）：7-11.

［18］胡俊文."雁行模式"理论与日本产业结构优化升级——对"雁行模式"走向衰落的再思考［J］.亚太经济，2003（04）：23-26.

［19］陈燕连，蔡海生，林联盛.区域主导产业选择研究综述［J］.当代经济，2013（15）：142-144.

［20］HIDALGO C A, KLINGER B, BARABASI A L, et al. The Product Space Conditions the Development of Nations ［J］. Science, 2007, 317（5837）：482-487.

［21］邓启惠.关于规模经济理论的几个问题［J］.求索，1996（03）：4-7.

［22］BREZIS E S, KRUGMAN P R, TSIDDON D. Leapfrogging in International Competition：A Theory of Cycles in National Technological Leadership ［J］. American Economic Review, 1993, 83（5）：1211-1219.

第十四章　欧盟的产业政策实践

　　从"二战"结束至 1993 年欧盟成立的这段时间里，欧洲各国实施了大量的纵向产业政策。例如，"二战"后，面对私人资本的短缺，欧洲多个国家通过国有化为本国汽车、钢铁等重要产业注入资金[1]。1962 年起，欧共体为了稳定农产品市场和保障农民收入，推出了共同农业政策，对内实施价格支持和生产配额制度，对外则征收进口关税并提供出口补贴[2]。到了 20 世纪 70 年代，石油危机的爆发和日本的崛起给欧洲经济带来了巨大冲击，导致钢铁、纺织、造船等行业陷入困境。为了应对这一挑战，欧共体及其成员国政府采取了长期的干预政策，包括补贴、进口配额、关税和反倾销措施等，以保护国内产业[3]。同时，为了缩小与美国在高科技领域的差距，英法等国大力投资核电、航空、航天等行业，成功培育了诸如法国电力（EDF）、空中客车（Airbus）、阿丽亚娜（Ariane）等"冠军企业"。

　　然而，20 世纪 80 年代起，随着国际竞争的加剧，欧盟各成员国在执行产业政策时渐感力不从心。不仅保护"夕阳产业"的政策未能扭转这些产业的颓势，扶持新兴产业的努力也大多以失败告终。例如，1984—1989 年，为了提升欧洲在计算机、通信以及半导体等领域的竞争力，欧共体委员会借鉴了日本通产省的做法，成立了一个官产学研联盟——欧洲信息技术研究发展战略计划（ESPRIT）。遗憾的是，该计划并未实现其既定目标[4]。例如，在航空行业，英国和法国投入了巨额资金联合开发的协和式（Concorde）超声速客机，经过数十年的艰苦努力，最终未能在市场上取得成功[5]。在此背景下，欧洲各国开始反思纵向产业政策的不足。1990年11月，欧共体委员会发布了一份题为"开放与竞争环境下的产业政策：共同体行动的指导方针"的文件，强调干预主义的产业政策并非推动经济结构调整的有效工具。该文件指出，过去20年的经验证明，这些政策不仅未能提升产业的竞争力，反而耽误了实施必要调整的时机，导致了严重的资源错配和财政失衡[6]。

1992年签署的《马斯特里赫特条约》进一步体现了欧洲各国在产业政策问题上的共识。该条约将产业政策的目标明确为"确保共同体产业竞争力所需条件的持续存在"。依据该条约，欧共体及其成员国"必须在遵循市场开放和竞争的原则下制定以下方面的行动目标：第一，加速产业结构调整；第二，构建有利于整个共同体内的产业与企业发展的环境，特别是有利于中小企业发展的商业环境；第三，构建有利于企业合作的环境；第四，制定更好地利用创新和技术研发提升产业发展潜力的政策"。该条约于1993年生效，并正式更名为《欧洲联盟条约》（TEU），成为欧盟的"宪法性"文件之一。该文件确立的市场导向、公平竞争和创新驱动原则，为欧盟后续的产业政策指明了方向。

欧盟的另一份"宪法性"文件——《欧洲联盟运作条约》（TFEU），对欧盟内部市场的运作规则进行了更为详尽的阐释。TFEU第101条至第109条明确规定，公平竞争构成了欧盟内部市场的核心原则，严格禁止任何限制竞争的协议以及滥用市场支配地位的行为。特别值得注意的是，第107条对国家援助施加了严格的限制："任何成员国通过国家资源提供的援助，若给予特定企业或商品生产优惠，进而引发或可能扭曲竞争，并影响成员国间的贸易，均被视为与内部市场不相容。"该条款也规定了若干例外情况，例如，对落后地区的援助、对自然灾害或意外事件的援助，以及涉及欧盟重大利益的项目等。这些例外情况为欧盟后续实施补贴政策提供了一定的灵活性。

2000年3月，欧盟15国领导人齐聚葡萄牙首都里斯本，举行了一场特别首脑会议。在这次会议上，他们达成了一项关于欧盟未来十年经济发展的宏伟规划——里斯本战略。该战略旨在将欧洲建设成为"世界上最具有竞争力和活力的知识型经济体"，并围绕经济发展、就业、科研、教育、社会福利、社会稳定等多方面问题，总共制定了 28 个主目标和 120 个次目标①。然而，由于目标体系过于庞杂、成员国执行不力、政策协调困难等原因，该战略的初期实施效果不及预期。2005 年 2 月，欧盟委员会对里斯本战略进行了调整，确定以经济增长和就业为优先目标，并要求各成员国根据各自情况制定为期 3 年的实施方案，以增强战略的灵活性和针对性[7]。在随后的两年里，里斯本战略初见成效，欧盟经济增速有所提升，失业率降至十多年来的最低水平，与美国在创新能力方面的差距也有所缩小②。然而，2008 年的全球金融危机对欧盟经济造成了严重冲击，阻碍了战略目标的进一步实现。

在 2010 年，欧盟推出了名为"欧洲 2020"的新十年发展战略，旨在达成里斯本战略未能实现的目标。该战略明确了三大优先任务，包括智能增长、可持续增长和包容性增长，并设定了五个具体的量化目标，包括提高就业率、增加研发投入比重、减少温室气体排放、提升民众教育水平以及降低贫困率。此外，"欧洲 2020"战略还启动了包括创新联盟、青年行动、欧洲数字化进程在内的七个配套旗舰计划，以助力实现其战略目标③。欧盟汲取了里斯本战略的经验教训，"欧洲 2020"战略在目标设定和执行机制方面均进行了优化。相较于里斯本战略所设定的庞杂的目标体系，"欧洲 2020"战略简化了目标要求，并在确立欧盟层面的共同目标的同时，设计了差异化的成员国目标，从而增强了战略的可操作性。在执行机制方面，欧盟委员会引入了"国家监督"机制，以加强对成员国实施情况的监督和协调。这些机制的改进使"欧洲 2020"战略在一定程度上解决了里斯本战略存在的问题，从而提升了战略的实施效果[8]。

虽然受到欧债危机和英国脱欧的拖累，"欧洲 2020"战略的落地效果并不理想，但其在资金筹措方面的一些创举值得关注。欧盟碳排放交易体系（EU-ETS）便是其中之一。这是全球首个且最大的国际碳市场，旨在通过"总量控

---

① 尚军. 从"里斯本战略"到"欧洲 2020 战略"［N/OL］. 新华网，2010－03－04［2025－02－16］. https：//news. sohu. com/20100304/n270573654. shtml.

② 尚军. 综述："里斯本战略"初显成效［N/OL］. 新华网，2007－03－10［2025－02－16］. https：//news. sohu. com/20070310/n248637783. shtml.

③ 严恒元. 欧盟布局"欧洲 2020 战略"［N/OL］. 中国经济网，2012－03－21［2025－02－16］. http：//intl. ce. cn/specials/zxgjzh/201203/21/t20120321_23173971. shtml.

制与交易"（Cap and Trade）原则减少温室气体排放。该体系自 2005 年启动以来，逐步减少了免费配额的发放，并增加了通过拍卖方式分配的配额。到了 2013 年，该体系的运行进入第三阶段时，拍卖已经成为配额分配的主要方式。此后，拍卖收入持续增长，从 2013 年的不到 30 亿欧元飙升至 2020 年的 249 亿欧元。这些收入的大部分随即被投资于气候行动和能源转型项目，以助力减排目标的实现①。

"欧洲 2020"计划的另一大创举是欧洲战略投资基金（EFSI）。为了应对欧债危机并重振欧盟经济，时任欧盟委员会主席让-克洛德·容克（Jean-Claude Juncker）于 2014 年底提出欧洲投资计划，又称"容克计划"。该计划于 2015 年 6 月获得批准，并在 3 个月后启动了欧洲战略投资基金。EFSI 的起始资金为 210 亿欧元，由欧盟提供的 160 亿元财政担保和欧洲投资银行的 50 亿元自有资金组成，这些资金分别用于支持长期投资项目和为中小企业提供融资。EFSI 的初始目标是在未来 3 年内，吸引大约 3150 亿欧元的公私资本，以投资基础设施、教育以及研发创新等关键领域。鉴于该计划实施后反响强烈，其预算获得多次追加，截止时间亦被多次延长。截至 2021 年底，EFSI 已批准 993 亿欧元的融资，成功带动了约 5243 亿欧元的投资。预计到 2025 年，该计划将创造 210 万个就业岗位，并使欧盟 GDP 增长 2.4%[9]。EFSI 随后被"投资欧洲"计划（InvestEU）所继承并发扬光大。

简而言之，自 1993 年成立至 2020 年，欧盟实施的一系列产业政策主要集中在教育、基础设施和研发创新等领域，目的是促进经济增长、扩大就业机会以及增强科技竞争力。除关注"碳减排"目标，这些政策并未明显偏向任何特定产业，充分展现了横向产业政策的特色。这种政策取向既是对 20 世纪 70—80 年代的政策经验与教训的深刻反思，也受到了 20 世纪 90 年代以来欧盟成员国签署的多项条约的严格约束。

然而，自 2008 年全球金融危机以来，世界经济环境日趋动荡，欧盟原有的政策工具已难以应对日益复杂的局面。例如，当面对能源转型与经济复苏的

---

① European Environment Agency. Use of Auctioning Revenues Generated under the EU Emissions Trading System ［EB/OL］. （2024-12-19）［2025-02-16］. https：//www. eea. europa. eu/en/analysis/indicators/use-of-auctioning-revenues-generated.

双重挑战时，欧盟委员会受限于预算上限，主要依赖于欧盟碳排放交易体系和欧洲战略投资基金等市场化工具筹资，但这些工具提供的资金规模有限，难以充分满足需求。因此，欧盟内部不断有呼声要求打破既有规则的束缚，实施更为积极的产业政策，以便更有效地应对来自他国的竞争[3]。最终，新冠病毒感染疫情的暴发成为催化剂，导致欧盟产业政策发生了根本性转变。

二、2020 年以来的欧盟产业政策

2019 年 11 月 1 日，乌尔苏拉·冯德莱恩当选新一届欧盟委员会主席。甫一到任，她便着手履行"将应对气候变化作为任内最优先事项"的竞选承诺①，推动欧盟于 2019 年 12 月 11 日正式发布了《欧洲绿色协议》（*The European Green Deal*）这一顶层战略规划②。2020 年 5 月 27 日，欧盟议会批准了总额超过 8000 亿欧元的"下一代欧盟"紧急救助计划，为欧洲的绿色转型提供了新的资金支持。2022 年 2 月，俄乌冲突爆发，给欧洲能源市场带来了深远的影响，同时也坚定了欧盟通过绿色转型实现能源自主的决心。鉴于绿色转型在欧盟 2020 年以后的产业政策中占据核心地位，本节将重点探讨这一时期的欧盟在绿色政策领域的立法框架、资金分配以及取得的初步成果。关于同一时期欧盟的另一项核心产业政策目标——数字化转型，前文已有详尽探讨，故此处不再赘述。

《欧洲绿色协议》的第一支柱是名为"Fit for 55"的综合性立法计划。该计划包括 12 项节能减排政策，目标是到 2030 年将温室气体排放量与 1990 年相比减少 55%。在这 12 项政策中，欧盟碳排放交易体系的改革处于核心位置。改革的主要目标是逐年降低欧盟的总排放上限，确保到 2030 年排放量降至 2005 年水平的 62%。此外，2026—2034 年，欧盟计划逐步取消对企业的免费排

① 郭涵. 欧盟首位女主席上任：欧盟将在气候议题上领跑、挑战中美［N/OL］. 观察者网，2019-12-02［2025-02-16］. https：//www. guancha. cn/internation/2019_12_02_527062. shtml.

② European Commission. The European Green Deal Striving to be the First Climate－Neutral Continent［EB/OL］.［2025-02-16］. https：//commission. europa. eu/strategy-and-policy/priorities-2019-2024/european-green-deal_en.

放配额，以此鼓励企业采用清洁技术。同时，从 2027 年开始，建筑、道路运输以及其他小型工业部门将被纳入一个新的 ETS Ⅱ 体系，对其温室气体排放进行独立定价。最后，该改革首次将海运行业的碳排放纳入 ETS 体系①。

"Fit for 55"中还包含碳边境调节机制（CBAM）。该机制旨在对进口产品征收"碳关税"，以确保进口产品与欧盟本土产品在碳定价上保持一致，从而减少"碳泄漏"的风险。所谓"碳泄漏"，是指那些能源密集型企业将生产转移到欧盟以外的国家，以避免购买排放许可或支付碳税的费用。这种情况可能会削弱全球碳减排的效果，并可能导致欧盟的去工业化。CBAM 计划将于 2023 年启动，初期将覆盖电力、钢铁、水泥、铝和化肥五个行业。在试点阶段，相关产品的进口商仅需报告碳排放数据，而无须支付任何费用。预计从 2026 年 1 月 1 日起，CBAM 将全面实施，届时进口商将必须缴纳碳关税②。

社会气候基金（SCF）则是"Fit for 55"计划中关注社会公平和包容性的核心要素。该基金致力于在气候转型期间为易受冲击的家庭、小型企业以及交通用户等群体提供财政援助，以促进住宅改造或转向使用环保交通工具。SCF 计划通过拍卖 ETS Ⅱ 配额来筹集资金，资金总额最高可达 650 亿欧元，此外，各成员国还将提供 25% 的资金，总计约 867 亿欧元。该基金预计将于 2026 年启动③。

《欧洲绿色协议》的第二个支柱是"绿色协议产业计划"（Green Deal Industrial Plan）。该计划于 2023 年 2 月 1 日发布，旨在应对 2022 年 8 月美国推出的《通胀削减法案》给欧洲绿色产业带来的冲击。该计划的核心是《净零工业法案》（Net-Zero Industry Act）、《关键原材料法案》（Critical Raw Materials Act）以及一系列电力市场的改革措施。其中，《净零工业法案》致力于简化监管流程，增加欧盟在太阳能、风能、电池等 8 项净零技术领域的制造能力，并计划到 2030 年把所需的净零技术产品的本土产能比例提升至 40%。《关键原材料法案》旨在确保 34 种关键原材料的安全与可持续供应，减少对单一国家进口的依赖。而包括《能源批发市场完整性与透明度法规》（REMIT）在

①②③　European Parliament. Fit for 55: Parliament Adopts Key Laws to Reach 2030 Climate Target [EB/OL]. (2023 - 04 - 18) [2025 - 02 - 16]. https://www.europarl.europa.eu/news/en/press - room/20230414IPR80120/fit-for-55-parliament-adopts-key-laws-to-reach-2030-climate-target.

内的一系列电力市场改革措施则旨在增强欧盟能源市场的弹性，并加速可再生能源的部署和整合①。

《欧洲绿色协议》的第三个支柱是名为 REPowerEU 的能源转型计划。该计划于 2022 年 5 月启动，是在俄乌冲突引发的全球能源市场动荡的背景下推出的。其核心目标是迅速降低欧盟对俄罗斯化石燃料的依赖，巩固欧盟的能源安全，同时加速绿色能源的转型进程。截至 2024 年 3 月，该计划已实现了一系列关键里程碑，包括将天然气需求降低 18%，从俄罗斯进口的天然气在欧盟的市场占有率从 45% 降至 15%，风能和太阳能的发电量超越了天然气，启动了名为"Aggregate EU"的天然气联合采购平台，等等②。

欧盟为《欧洲绿色协议》提供了慷慨的资金支持。2021—2027 年，欧盟的总预算——包括多年财政框架（MFF）和"下一代欧盟"计划在内——高达 1.8 万亿欧元③，其中至少 30% 被指定用于与气候相关的支出④。欧盟还为其总预算下的各个项目设立了气候相关配额，例如，在复苏与韧性基金的 8000 亿欧元总预算中，至少有 37% 将被用于气候目标⑤；在"地平线欧洲"计划的 955 亿欧元总预算中，至少有 35% 将被分配至与气候相关的研究⑥；而

① European Commission. The Green Deal Industrial Plan：Putting Europe's Net-zero Industry in the lead [EB/OL]. [2025-02-16]. https：//commission. europa. eu/strategy-and-policy/priorities-2019-2024/european-green-deal/green-deal-industrial-plan_ en.

② European Commission. REPowerEU：Affordable，Secure and Sustainable Energy for Europe [EB/OL]. [2025-02-16]. https：//commission. europa. eu/strategy-and-policy/priorities-2019-2024/european-green-deal/repowereu-affordable-secure-and-sustainable-energy-europe_ en.

③ European Commisssion. The 2021-2027 EU Budget-What's New? [EB/OL]. [2025-02-16]. https：//commission. europa. eu/strategy-and-policy/eu-budget/long-term-eu-budget/2021-2027/whats-new_ en.

④ European Commission. Climate Mainstreaming[EB/OL]. [2025-02-16]. https：//commission. europa. eu/strategy-and-policy/eu-budget/performance-and-reporting/horizontal-priorities/green-budgeting/climate-mainstreaming_ en.

⑤ European Commission. The Recovery and Resilience Facility [EB/OL]. [2025-02-16]. https：//projects. research-and-innovation. ec. europa. eu/en/funding/funding-opportunities/funding-programmes-and-open-calls/horizon-europe/eu-missions-horizon-europe/restore-our-ocean-and-waters/recovery-and-resilience-facility.

⑥ European Commission. Strategic Dynamic Analysis of Horizon Europe Research and Innovation Results to Support the Implementation and Monitoring of EU Climate Action Policy [EB/OL]. [2025-02-16]. https：//cinea. ec. europa. eu/funding-opportunities/calls-tenders/strategic-dynamic-analysis-horizon-europe-research-and-innovation-results-support-implementation-and_ en.

在"投资欧洲"计划的 260 亿欧元财政担保中，至少有 37.8%将被用于支持可持续基础设施投资①。

为了填补预算赤字，欧盟委员会计划在资本市场上发行总额约为 8000 亿欧元的债券，为"下一代欧盟"计划融资。这部分资金将通过未来欧盟预算或成员国的分摊逐步偿还，预计最晚于 2058 年完成②。为了确保偿债能力，欧盟的预算上限已从之前的成员国国内生产总值之和的 1.4%提升至 2.0%，这一调整同样将延长至 2058 年③。截至本书写作之日，欧盟委员会已经发行了超682 亿欧元的"下一代欧盟"绿色债券，用于支持清洁能源、交通基础设施、能源效率提升等领域的绿色项目④。

除提供资金支持，欧盟还通过设置贸易投资壁垒和实施反补贴关税来限制外国竞争、扶持本土企业。例如，欧盟委员会借助 2023 年 7 月 12 日开始实施的《外国补贴条例》（FSR），积极介入成员国的投资并购和公共采购等活动，以排除"导致市场扭曲的外国补贴"⑤。

部分欧盟成员国还实施了国家层面的绿色产业政策。例如，法国总统马克龙于 2021 年 10 月 12 日宣布了一项名为"法国 2030"的重大投资计划，旨在振兴法国工业并"提升法国经济通过创新实现增长的能力"。该计划的初始投资金额为 300 亿欧元，之后增至 540 亿欧元。该计划特别关注能源和交通领域的绿色转型，提出了一系列宏伟目标，比如，向核能领域投资 10 亿欧元，用于开发安全的小型模块化反应堆；致力于成为"绿色氢能"的领导者，建设

---

① European Paliament. InvestEU Fund Agreed：Boosting Strategic, Sustainable and Innovative Investments［EB/OL］.（2020-08-12）［2025-02-16］. https：//www. europarl. europa. eu/news/en/press-room/20201208IPR93301/investeu-fund-agreed-boosting-strategic-sustainable-and-innovative-investments.

② European Commisssion. The 2021-2027 EU Budget-What's New?［EB/OL］.［2025-02-16］. https：//commission. europa. eu/strategy-and-policy/eu-budget/long-term-eu-budget/2021-2027/whats-new_en.

③ European Commission. NextGenerationEU［EB/OL］.［2025-02-16］. https：//commission. europa. eu/strategy-and-policy/eu-budget/eu-borrower-investor-relations/nextgenerationeu_en.

④ European Commission. NextGenerationEU Green Bond Dashboard［EB/OL］.（2025-01-10）［2025-02-16］. https：//commission. europa. eu/strategy-and-policy/eu-budget/eu-borrower-investor-relations/nextgenerationeu-green-bonds/dashboard_en

⑤ European Commission. Foreign Subsidies Regulation［EB/OL］.［2025-02-16］. https：//competition-policy. ec. europa. eu/foreign-subsidies-regulation_en.

至少两座大型电解槽工厂；到 2030 年，较 2015 年减少 35% 的温室气体排放量，并实现钢铁、水泥和化工产业的脱碳升级；到 2030 年，在法国生产 200 万辆电动和混合动力汽车；等等①。"法国 2030"计划的资金大部分来源于法国政府，小部分由欧盟提供。

此外，欧盟成员国还推进了一批欧洲共同利益重要项目（IPCEI）。IPCEI 是欧盟近年来推行的一种新的产业政策框架，它允许成员国利用国家援助来支持关键技术和工业领域的创新与进步。截至 2024 年，共有 10 个 IPCEI 项目得到欧盟委员会的批准，其中 6 个专注于绿色转型领域，包括 2 个电池项目和 4 个氢能项目（见表 14-1）。成员国为这 6 个项目提供了总计 250 亿欧元的国家援助，并预计吸引 385 亿欧元的私人投资。值得注意的是，自 2022 年起，IPCEI 项目获批的速度明显加快，这主要是因为俄乌冲突爆发后，欧盟启动了一项《临时性危机框架》（Temporary Crisis Framework），放宽了对国家援助的限制，使成员国能够推行一些之前受欧盟规则约束的补贴计划②。

表 14-1 欧洲共同利益重要项目一览

项目名称	参与公司数量	子项目数量	国家援助批准金额（亿欧元）	预期私人投资金额（亿欧元）	参与成员国数量（个）
第一个微电子 IPCEI（2018）	29	43	1.9	6.5	5
第一个电池 IPCEI（2019）	17	23	3.2	5	7
第二个电池 IPCEI-EuBatIn（2021）	42	46	2.9	9	12
第一个氢能 IPCEI-Hy2Tech（2022）	35	41	5.4	8.8	15
第二个氢能 IPCEI-Hy2Use（2022）	29	35	5.2	7	15
第二个微电子和通信技术 IPCEI（2023）	56	68	8.1	13.7	14
云基础设施和服务 IPCEI（2023）	19	19	1.2	1.4	7

① 贸促会驻法国代表处. 马克龙公布"法国 2030"投资计划旨在重振法国工业［EB/OL］.（2021-10-15）［2025-02-16］. https：//www.ccpit.org/france/a/20211015/20211015kzct.html.

② European Commission. Temporary Crisis and Transition Framework［EB/OL］.［2025-02-16］. https：//competition-policy.ec.europa.eu/state-aid/temporary-crisis-and-transition-framework_en.

续表

项目名称	参与公司数量	子项目数量	国家援助批准金额（亿欧元）	预期私人投资金额（亿欧元）	参与成员国数量（个）
第三个氢能 IPCEI-Hy2Infra（2024）	32	33	6.9	5.4	7
第四个氢能 IPCEI-Hy2Move（2024）	11	13	1.4	3.3	7
Med4Cure IPCEI（2024）	13	14	1	5.9	6
总计	283	335	37.2	66	22（外加英国和挪威）

资料来源：European Commission. Approved Integrated Important Projects of Common European Interest（IPCEI）. ［2025－02－16］. https：//competition－policy. ec. europa. eu/state－aid/ipcei/approved－ipceis_en.

三、欧盟产业政策的转变与前景

相较于 2020 年之前，2020 年之后欧盟所推行的产业政策有几个显著的转变：

第一，数字化和绿色转型得到了前所未有的重视。欧盟不仅出台了"数字十年战略"和《欧洲绿色协议》这两个顶层战略规划，还明确规定了其在 2021—2027 年的总预算中用于数字化和绿色转型的资金占比。这些做法在 2020 年之前出台的各项政策法规中是未曾出现的。

第二，相关政策获得的资金支持显著增强。这一变化主要得益于欧盟预算的增加。新冠病毒感染疫情的暴发为欧盟委员会提供了一个契机，有助于其凝聚成员国的共识，通过了规模庞大的"下一代欧盟"纾困计划。该计划不仅为欧盟的绿色和数字化转型项目开辟了新的资金渠道，还授权欧盟委员会在资本市场发行债券为这些项目融资，从而显著提升了欧盟对相关产业实施补贴的能力。全球贸易预警数据库的数据显示，在 2020—2023 年，欧盟新增补贴的数量激增至此前平均水平的两倍以上（见图 14-1）。

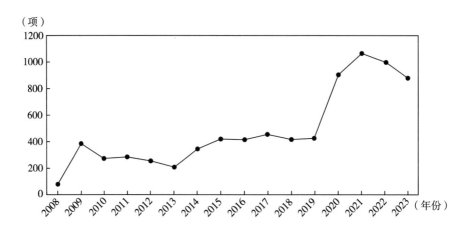

图 14-1　2008—2023 年欧盟新增补贴数量①

资料来源：GTA，兴业研究。

第三，欧盟产业政策的实施形式更加多元化。除了运用传统的补贴和关税手段外，欧盟还强调使用非传统政策工具来实现其战略目标。例如，通过《通用数据保护条例》中的"充分性认定"程序，欧盟旨在促进其数据安全标准在全球被广泛采纳；通过碳边境调节机制，欧盟旨在推动其他国家（地区）实施与欧盟碳排放交易体系同等严格的减排政策。然而，这些做法也引发了一些争议，有人认为它违反了 WTO 的非歧视性原则，并可能损害发展中国家（地区）的利益[10]。

第四，欧盟产业政策的垂直性显著增强。与以往主要聚焦于提升教育水平、基础设施和创新能力的横向产业政策不同，自 2020 年起，欧盟实施的产业政策更加专注于特定产业的培育和发展。例如，《芯片法案》和《净零工业法案》不仅为相关行业提供了巨额补贴，还明确提出了增强本土产业竞争力、扩大其在全球市场份额的战略目标。根据 WTO 的《补贴与反补贴措施协定》的相关条款，这些补贴表现出专向性并可能导致贸易扭曲，因此可被归类为可诉补贴。这意味着欧盟的绿色工业政策可能加剧国家（地区）间的补贴竞争和贸易摩擦，对全球经济秩序构成潜在威胁。

① 鲁政委. 欧盟产业补贴政策及其对我国的启示［EB/OL］. 首席经济学家论坛，（2024-05-30）［2025-02-19］. https：//news. qq. com/rain/a/20240530A0957600.

第五，欧盟产业政策的保护主义倾向越发显著。2023 年 6 月 20 日，欧盟委员会和外交与安全政策高级代表共同发布了《经济安全战略》，提出加强关键技术和供应链的自主可控性，并降低外部依赖①。此后，欧盟的经贸立法进程明显加快，诸如《芯片法案》和《关键原材料法案》等立法均取得实质性进展。与此同时，《外国补贴条例》调查、反补贴关税等措施也开始密集实施[11]。尽管这些措施被冠以"去风险"的名义，实际上却明显带有保护主义色彩，可能会导致欧盟面临更多的贸易摩擦和经济风险。

第六，欧盟的产业政策越来越多受到地缘政治因素的影响。俄乌冲突爆发后，欧盟迅速推出了 REPowerEU 计划，旨在降低对俄罗斯天然气的依赖。《关键原材料法案》和《净零工业法案》的出台，也反映了欧盟在相关领域抗衡新兴国家影响力的战略考量[12]。

然而，欧盟当前的产业政策正遭遇来自多方面的挑战。在欧盟内部，成员国之间在资金的筹集和使用方式上发生了严重的分歧。冯德莱恩曾提出建立一个统一的"欧洲主权基金"，旨在支持整个欧盟的绿色转型。然而，一些经济实力较强的国家对此提出了异议；它们主张欧盟应进一步放宽对国家援助的限制，允许各国利用自身的财政资源实施补贴。这一主张又引发了部分较小成员国的反对，它们担心大国利用其财力优势"虹吸"产业发展的机会，从而损害它们的利益[12]。而不均等的产业发展机遇又进一步加剧了欧盟的"绿色保护主义"倾向所引发的矛盾。例如，欧盟频繁发起针对中国企业的反补贴调查（FSR），迫使中国企业退出了保加利亚、罗马尼亚等国的绿色产品公共采购项目，导致这些国家需要额外支付数亿欧元，以购买西班牙等国的企业生产的同类产品。这种实际上由较贫穷国家补贴较富裕国家的情形，引起了前者的强烈不满②。

资金筹集方面的困难还影响了欧盟其他一些战略目标的实现。2021 年 12 月 1 日，欧盟正式公布"全球门户"计划，计划在 2027 年前投入 3000 亿

---

① European Commission. European Economic Security Strategy［EB/OL］.（2023-06-20）［2025-02-16］. https：//eur-lex. europa. eu/legal-content/EN/TXT/? uri=CELEX：52023JC0020.

② DE VILLE F. Is the EU's Green Industrial Policy Doomed to Fail?［EB/OL］.（2024-06-25）［2025-02-16］. https：//www. greeneuropeanjournal. eu/is-the-eus-green-industrial-policy-doomed-to-fail/.

欧元，协助发展中国家兴建基础设施。但此后，该计划进展缓慢，而且实际投入的资金较少，引发了外界的质疑。有关人士认为，欧盟近年来经济困难且成员国之间意见分歧，是导致该计划难以推行的根本原因[13]。2024 年 9 月发布的《德拉吉报告》指出，在过去 20 年里，欧盟与美国在经济规模和生产力水平上的差距持续拉大；为了激发欧盟的创新活力并加速经济增长，该报告建议每年新增 7500 亿~8000 亿欧元的投资，这一数字占 2023 年欧盟 GDP 的 4.4%~4.7%。然而，鉴于一些欧盟成员国的公共债务水平居高不下，外界普遍认为欧盟可能难以腾出足够的财政空间来支持这一庞大的投资计划①。

此外，美国政策的转变对欧盟产生的影响不容忽视。2022 年 8 月，美国颁布了《通胀削减法案》，该法案对产业补贴设定了严格的本地附加值要求，迫使欧盟提升自身的补贴水平以避免产业流失，此举已经严重侵蚀了双方之间的合作基础②。展望未来，随着特朗普的再次执政，欧盟的产业政策可能遭遇更为严峻的挑战。比如，特朗普提出对每个贸易伙伴征收"对等关税"，欧盟急需制定应对措施③。又如，美国再次退出《巴黎协定》，欧盟必须评估这一事件对其自身的影响，并据此调整绿色转型战略。另外，特朗普打算放宽对大型科技公司和人工智能的监管，这可能会压缩欧美在数字治理方面的合作空间，增加欧盟实施其数字主权战略的难度。

参考文献

[1] 郎昆，冯俊新.德国、法国国有经济：发展历程和经验启示 [J].法国研究，2020（04）：85-95.

[2] 孙彤彤.欧盟共同农业政策的演变历程、实施效果及其启示 [J].农业经济，2025（01）：36-38.

[3] 丁纯，罗天宇.欧盟垂直产业政策：历史演变、定位原因及前景展望

---

① 张钰韬."德拉吉报告"的雄心与账单，欧盟如何抉择 [N/OL].（2024-09-13）[2025-02-16].https：//www.thepaper.cn/newsDetail_forward_28729584.

② 严瑜.欧盟要反制美《通胀削减法案》[N/OL].人民日报海外版，2022-12-17 [2025-02-16].https：//world.gmw.cn/2022/12/17/content_36240118.htm.

③ 李勇，青木，辛斌等.特朗普宣布征收"对等关税"，美媒担心打破规则，多国着手准备应对 [N/OL].环球时报，2025-02-15 [2025-02-16].https：//world.huanqiu.com/article/4LUNDek3Nz3.

［J］. 同济大学学报（社会科学版），2021，32（04）：17-27.

［4］工业和信息化部国际经济技术合作中心. 二战之后欧洲的产业政策：我们学到了什么？（十三）［N/OL］. 中国经济网，2013-10-16［2025-02-16］. http：//intl. ce. cn/specials/zxgjzh/201310/16/t20131016_1628290. shtml.

［5］祖林. 协和式飞机：成功的技术，失败的经济［J］. 科学新闻，2001（32）：17.

［6］European Commission. Industrial Policy in an Open and Competitive Environment - Guidelines for a Community Approach［R/OL］. COM（90）556，（1990-11-16）［2025-02-16］. https：//op. europa. eu/publication-detail/-/publication/4da681dc-603f-44c3-a5f4-d0c779e0c391.

［7］Economic Policy Committee. Mid-Term Review of the Liston Strategy：Advancing Reform in Europe［R/OL］. EPC/ECFIN/289/04 final：Brussels，（2004-08-31）［2025-02-16］. https：//economic-policy-committee. europa. eu/sites/default/files/docs/pages/epc_lisbon_2005. pdf.

［8］郑春荣. 从里斯本战略到"欧洲2020"战略：基于治理演进视角的分析［J］. 欧洲研究，2011，29（03）：81-92+160-161.

［9］European Commission. EFSI 2. 0 Ex - Post Evaluation［R/OL］. SWD（2022）443 Final，Brussels（2022-12-16）［2025-02-16］. https：//commission. europa. eu/document/download/605fc242-b03f-4288-a595-edd7c6b72a66_ en？filename = SWD_2022_EFSI%202. 0%20evaluation_ Report. pdf.

［10］王军杰. 气候治理与贸易自由：欧盟碳边境调节机制的合法性争辩及中国因应［J］. 当代法学，2025，39（01）：136-148.

［11］曹佳鲁，房乐宪. 技术主权与地缘政治：解码《欧洲经济安全战略》的核心与影响［J］. 和平与发展，2024（03）：80-105+203-204.

［12］董一凡，赵宏图. 欧盟绿色产业新政的雄心及困境［J］. 和平与发展，2023（05）：102-127+176.

［13］李星辰，张文涛，张一婷. 欧盟"全球门户"计划进展与趋势［J］. 中国投资（中英文），2023（Z5）：54-55.

第十五章　美国产业政策的新动向

一、美国 2017—2020 年的关税与补贴政策

2017 年 1 月 20 日，唐纳德·特朗普正式就任美国第 45 任总统。仅三天后，他签署了首份总统令，宣布美国正式退出《跨太平洋伙伴关系协定》。这一协定由 12 个国家的代表经过长达五年的谈判而达成，不仅包括几乎所有的商品和服务贸易，还扩展到投资、知识产权、电子商务、政府采购等领域，被视作当时标准最高、规模最大的自由贸易协定。一些分析人士认为，TPP 旨在加强美国与亚太地区盟友的经济联系，对美国具有重大战略意义[①]。然而，特朗普政府以 TPP 可能导致美国制造业岗位流失为由，退出了该协定。剩余的 11 个国家在日本的主导下，重新签订了《全面与进步跨太平洋伙伴关系协定》（CPTPP），但由于美国的缺席，新协定的影响力显著减弱。

此后，特朗普政府开始着手修订美国先前签署的多项贸易协定，其中包括《北美自由贸易协定》（NAFTA）。该协定于 1994 年生效，覆盖了美国、加拿大和墨西哥之间的大部分商品的贸易，构建了当时全球最大的区域经济一体化集团。然而，特朗普称其为"美国历史上最糟糕的贸易协定"，认为其中的某些条款对美国不利，并启动了针对该协定的审查和重新谈判程序。2018 年

---

　　① 魏迪英. 从智库报告分析美国 TPP 政策［N/OL］. 观察者网，2016-03-20［2025-02-17］. https：//www. guancha. cn/WeiDiYing/2016_03_20_354429_s. shtml.

11月30日，三国领导人签署了《美墨加协定》。相较于NAFTA，《美墨加协定》更倾向于维护美国本土制造业的利益。例如，该协定规定，只有当汽车的40%~45%零部件是由"时薪至少16美元"的工人生产时，这些汽车才能享受零关税待遇。此外，该协定中还包含一项"毒丸条款"：若任何一方与"非市场经济国家"签订了自由贸易协定，其他两方则有权终止本协定。由此可见，《美墨加协定》带有浓厚的"美国优先"色彩，旨在增强美国对地区经济和政治的主导权[1]。

特朗普政府实施的另一项贸易政策是针对钢铁和铝产品征收进口关税。2018年2月16日，美国商务部发布了关于进口钢材和铝产品的"232调查"报告，指出进口的钢铁和铝产品对美国本土产业造成了严重损害，并对美国的国家安全构成了威胁。同年3月8日，特朗普签署公告，宣布自3月23日起，对进口钢铁和铝产品分别征收25%和10%的关税。这一举措立即引起了国际社会的强烈反对。中国、欧盟、加拿大、墨西哥和印度等国家（地区）纷纷实施了报复性关税措施，并在WTO争端解决机制下对美国提起申诉①。

然而，在特朗普政府的蓄意干扰下，WTO争端解决机构的上诉机构陷入瘫痪，无法解决上述纠纷。上诉机构是WTO争端解决机制的核心，它在解决国家（地区）间的贸易争端时拥有最终裁决权。但是，自2018年起，美国在上诉机构法官的选拔和连任程序上持续制造障碍，导致到了2019年12月11日，上诉机构只剩下一名法官，无法满足处理上诉案件需要至少3名法官的要求，于是正式"停摆"②。此外，特朗普政府还威胁要退出WTO③，对多边机制的稳定性造成了严重的负面影响。

在调整对外贸易政策的同时，特朗普政府还对内实施了减税政策以刺激投资、促进经济增长。2017年12月22日，特朗普力推的《减税与就业法案》（Tax Cuts and Jobs Act）获得通过，并自2018年1月起开始执行。该法案包含

① 冯迪凡．七方在WTO围攻美国钢铝关税，欧盟："前所未有"［N/OL］．第一财经，2018-10-30［2025-02-17］．https：//www.yicai.com/news/100049527.html.

② 冯迪凡．美阻挠令上诉机构瘫痪！WTO总干事：一旦报复开始就难停止［N/OL］．第一财经，2019-12-10［2025-02-17］．https：//www.yicai.com/news/100431483.html.

③ 沈敏，柳丝．特朗普威胁退出WTO"以退为进"施压多边机制［N/OL］．新华网，2018-08-31［2025-02-17］．https：//www.xinhuanet.com/world/2018-08/31/c_1123362333.htm.

三项核心措施：第一，企业所得税率从35%降至21%；第二，放宽了抵扣规定，这使企业在享受21%税率的同时，还能通过研发抵扣、设备投资抵扣等渠道进一步减轻税负；第三，对美国企业海外留存利润实施一次性征税，并引入了"属地制"征税原则，即规定美国企业未来的海外利润只需在产生利润的国家缴税，无须再次向美国政府缴税。最后一项改革在很大程度上消除了美国企业将现金和利润滞留在海外的动机[2]。2018年第一季度，美国企业自海外汇回了超过2800亿美元的资金，这一数字远超税改前单季300亿~400亿美元的平均水平。截至2019年上半年，美国企业已汇回近1万亿美元的海外资金①。

"去监管"同样是特朗普政府施政的核心纲领之一。2017年1月，特朗普签署第13711号行政命令，指示联邦行政部门"每推行一项新规定，必须废除至少两个旧规定"。这一命令实施效果良好，相关数据显示，在2017~2019财年期间，美国联邦政府分别出台了3项、14项和35项新规定，同时废止了13项、57项和61项旧规定。特朗普政府的"去监管"政策在医疗保健、企业雇用、居民消费、金融监管以及商业环境等多个领域得到体现。据称，这些政策可能每年将为美国带来大约3100亿美元的经济效益[3]。

此外，特朗普政府还积极支持化石能源行业的发展。2017年3月28日，特朗普签署了一项名为"促进能源独立和经济增长"的行政命令，导致《清洁电力计划》被废除。后者是奥巴马政府气候政策的核心，旨在要求到2030年美国发电厂在2005年的基础上减排32%②。同年6月1日，特朗普无视国际社会的压力，正式宣布美国退出《巴黎协定》，并放弃了该协定下的一切减排承诺③。此外，他还实施了多项对化石能源行业有利的改革，比如，取消奥巴马政府的禁令，允许在联邦土地上进行煤炭开采；开放了一些有争议的土地，如阿拉斯加的北极国家野生动物保护区，用于石油和天然气的开采；批准新的

---

① 沈建光. 特朗普税改红利殆尽［N/OL］. 经济观察网，2019-11-27［2025-02-17］. http：//www. eeo. cn/2019/1127/370493. shtml.

② 张朋辉. 特朗普签署行政命令推翻奥巴马政府气候政策［N］. 人民日报，2017-03-30（21）.

③ 人民网. 美国总统特朗普宣布退出《巴黎协定》［N/OL］. 2017-06-02［2025-02-17］. http：//world. people. com. cn/n1/2017/0602/c1002-29313208. html.

天然气出口项目和油气管道项目；等等①。在他的支持下，美国于 2018 年成为全球最大的石油和天然气生产国②。

特朗普政府高度重视制造业在美国经济中的地位。在 2016 年的美国总统大选中，特朗普就承诺推动制造业回归，为美国人创造更多的就业机会。为兑现承诺，他上任后多次劝导制造业企业放弃赴海外投资建厂的计划③。2017 年 4 月 18 日，特朗普签署了"购买美国货、雇用美国人"的行政命令，要求所有联邦资助的项目必须优先采购本国生产的商品，只有在没有本国生产的情况下才能采购进口商品④。2018 年 7 月 31 日，特朗普还签署了《21 世纪职业和技术教育强化法案》，旨在强化美国的职业和技术教育体系，为美国的制造业复兴培养人才⑤。

综上所述，特朗普在其第一个任期内（2017—2020 年）的施政风格明显地体现了保护主义和保守主义的双重特征。一方面，为了降低贸易赤字并推动制造业回流，他采取了加征关税、废除贸易协议等措施，无论对待新兴国家"竞争对手"，还是对待美国的传统盟友，都保持了强硬的立场。另一方面，为了刺激经济增长和实现"能源独立"，他实施了减税、放宽监管等政策，并彻底放弃了前任奥巴马政府对清洁技术产业的支持，转而大力推动化石能源产业的发展。尽管这些措施在一定程度上促进了美国国内的投资，但它们对全球经济产生了巨大的冲击，并且削弱了美国在气候政策和贸易等领域的领导地位。

---

① 张智勇. 融化北极海冰的远不只是气候变化［N］. 光明日报，2020-09-04（12）.

② 赵觉珵. 特朗普：美国已经是全球最大石油和天然气生产国［N/OL］. 环球网，2019-02-06［2025-02-17］. https：//world. huanqiu. com/article/9CaKrnKhMX4.

③ 余翔. 美国那点事｜力推制造业回流的特朗普签这纸行政令，为啥重要［N/OL］. 澎湃新闻，2017-07-25［2025-02-17］. https：//www. thepaper. cn/newsDetail_forward_1741863.

④ 汤先营. 特朗普签署"买美国货、雇美国人"行政命令［N］. 光明日报，2017-04-21（10）.

⑤ 环球网. 特朗普签署 10 亿美元法案促进全美职业教育发展［N/OL］. 环球网，2018-08-02［2025-02-17］. https：//3w. huanqiu. com/a/059b7b/9CaKrnKaZjV？s=a%2F059b7b%2F9CaKrnKaZjV.

二、美国 2021—2024 年的产业政策

当地时间 2020 年 11 月 7 日，美国民主党候选人约瑟夫·拜登（Joseph Biden）击败特朗普，成功赢得总统大选。2021 年 1 月 20 日，他正式就任美国第 46 任总统。甫一到任，拜登政府迅速推出了一项总金额高达 1.9 万亿美元的"美国拯救计划"，旨在强化医疗卫生体系，并为个人、小型企业及公共机构提供紧急援助①。2021 年 2 月 24 日，拜登签署行政命令，要求政府全面审查国内关键供应链，以识别潜在风险、填补漏洞，这一行动被称作"百日评估"。同年 6 月 8 日，美国白宫发布了题为《构建弹性供应链、重振美国制造业及促进广泛增长》的报告。报告指出，在半导体、电池、原材料和药品四大领域，美国制造业的产能存在不足。这份报告为拜登政府后续实施的一系列产业政策指明了方向②。

拜登上任后多次在公开场合强调，美国致力于修复与盟友的关系，并重新拥抱多边主义③。作为这一努力的一部分，拜登政府对特朗普时期的气候与能源政策进行了大幅度的调整，这包括重返《巴黎协定》④、撤销特朗普政府削弱环境法规的多项行政命令等。此外，拜登政府还解决了特朗普时期遗留下来的部分贸易纠纷。2021 年 10 月 31 日，在 G20 峰会上，拜登政府与欧盟官员共同签署了《全球可持续钢铝协议》，引入了关税配额系统，允许在美欧之间进行一定数量的钢铝贸易时维持较低的税率。作为交换，欧盟 27 国撤销了对

---

① 刘程辉. 拜登公布"美国救援计划"，1.9 万亿美元［N/OL］. 观察者网，2021-01-15［2025-02-17］. https：//www. guancha. cn/internation/2021_01_15_578072. shtml.

② 陈孟统. 拜登政府供应链百日评估报告出炉：加强美国制造 减少外部依赖［N/OL］. 中国新闻网，2021-06-09［2025-02-17］. https：//www. chinanews. com. cn/gj/2021/06-09/9495892. shtml.

③ 中国新闻网. 拜登发表上任后首次外交政策演说：美国回来了［N/OL］. 中国新闻网，2021-02-05［2025-02-17］. https：//www. chinanews. com. cn/gj/2021/02-05/9405169. shtml.

④ 刘品然. 美国正式重返《巴黎协定》［N/OL］. 新华网，2021-02-20［2025-02-17］. https：//www. xinhuanet. com/world/2021/02/20/c_1127116575. htm.

美国进口产品实施的反制措施①。2023 年 6 月 22 日，美国贸易代表戴琪宣布，美国与印度在关键贸易问题上达成了重要协议，包括同意在 WTO 终止 6 项悬而未决的争端，并且印度同意取消因美国对印度钢铝产品加征关税而对美国出口产品施加的报复性关税②。

尽管如此，拜登政府的多项贸易政策沿袭了特朗普政府的做法。例如，在 2020 年 12 月 2 日接受《纽约时报》采访时，拜登明确表示，他不会立即取消特朗普对中国商品征收的关税，也不会改变特朗普政府与中国达成的"第一阶段"贸易协议③。此外，在拜登的任期内，美国持续阻碍 WTO 争端解决机制的正常运作。截至 2024 年 12 月 18 日，美国已经第 82 次拒绝了旨在填补上诉机构空缺的法官选拔提案④。同时，拜登政府决定不加入 CPTPP，而是提出了一个更具地缘政治色彩的新协议，即"印太经济框架"（IPEF）。与 CPTPP 相比，IPEF 对市场准入和关税减免等传统自由贸易条款的关注较少，转而强调数字贸易、供应链韧性、清洁能源、税收和反腐败等新兴议题。截至本书撰写之时，包括美国、日本、印度在内的 14 个成员国已经完成了 IPEF 框架下的关于供应链、清洁能源和公平经济的谈判，但在贸易谈判上尚未达成共识[4]。

在国内政策方面，拜登政府小幅提高了企业所得税率，但为一些行业提供了慷慨的补贴。在其执政的前两年，拜登签署了三项大规模的产业政策立法：《基础设施投资和就业法案》《芯片与科学法案》《通胀削减法案》。其中，《基础设施投资和就业法案》于 2021 年 11 月 15 日生效，预计在 2022—2029 年投资 1.2 万亿美元，其中约 5500 亿美元为新增财政支出，用于升级美国的交通、能源、水利等基础设施，同时创造就业机会、推动经济发展[5]。《芯片与科学法案》于 2022 年 8 月 9 日正式生效，旨在向美国半导体研发、制造及

---

①　鞠峰. 美国与欧盟就钢铝关税达成协议，部分欧洲钢铝产品将免税［N/OL］. 观察者网，2021-10-31［2025-02-17］. https://www.guancha.cn/internation/2021_10_31_612988.shtml.

②　对外经济贸易大学中国 WTO 研究院. 美印在关键贸易问题上达成和解［EB/OL］.（2023-07-18）［2025-02-17］. http://chinawto.mofcom.gov.cn/article/zdjj/202307/20230703422303.shtml.

③　和讯网. 美媒：拜登称不会立刻撤销与中国的第一阶段贸易协议［N/OL］. 和讯网，2020-12-02［2025-02-17］. https://www.163.com/dy/article/FSRQNFK00519D4UH.html.

④　冯迪凡. 美国第 82 次否定提案，WTO 上诉机构瘫痪五年何时才能恢复［N/OL］. 第一财经，2024-12-19［2025-02-17］. https://www.yicai.com/news/102409358.html.

劳动力发展领域投入527亿美元资金，其中390亿美元将专门用于激励半导体制造业。此外，该法案还将为在美国境内建立芯片工厂的企业提供25%的税收减免①。《通胀削减法案》则于2023年1月1日生效，它计划向气候和清洁能源以及医疗保险领域投入4330亿美元，以降低通货膨胀、减少财政赤字，同时促进清洁能源发展并降低医疗成本②。

拜登政府实施的补贴政策带有浓厚的保护主义色彩。例如，《芯片与科学法案》中设置了"护栏条款"，根据该条款，获得美国联邦政府补贴的企业在未来十年内将被禁止在中国扩展先进半导体的生产能力。又如，《通胀削减法案》规定，能够享受购置补贴和税收抵免的电动车、混合动力汽车以及燃料电池汽车必须在北美制造，并且必须有一定比例（逐年增加）的电池组件和关键矿产在北美制造和采购。该法案一经发布，便迅速激起多个欧洲国家的反对声浪，它们担忧这会促使相关产业向美国转移，从而损害欧洲的利益。法国总统马克龙更是在多个公开场合对该法案提出了批评，并警告称这可能会导致"西方世界分裂"③。日本和韩国政府也对该法案表示反对，认为它损害了日本和韩国企业的利益④⑤。2024年3月26日，中国就该法案中有关新能源汽车补贴等措施诉诸WTO争端解决机制⑥。

在实施补贴政策的同时，拜登政府还加大了针对科技巨头的反垄断力度。2023年，美国司法部创建了反垄断诉讼项目，增加了执法人员数量，提升了执法能力和专业水平⑦。在此背景下，2023—2024年，美国司法部和联邦贸易

① 陈孟统. 拜登签署《芯片和科学法案》[N/OL]. 中国新闻网，2022-08-10 [2025-02-17]. http://usa. people. com. cn/n1/2022/0810/c241376-32499195. html.

② 熊茂伶. 美国总统拜登签署《通胀削减法案》[N/OL]. 新华，2022-08-17 [2025-02-17]. https://www. news. cn/world/2022-08/17/c_1128923061. htm.

③ 王卫. 欧盟国家回击美《通胀削减法案》呼声日渐高涨 [N]. 法治日报，2022-12-26 (005).

④ 南博一. 美通胀削减法案影响韩国工业，韩总理：如有必要将诉诸WTO [N/OL].2022-08-25 [2025-02-17]. https://www. thepaper. cn/newsDetail_forward_19610867.

⑤ 祁玥. 外媒：日本政府警告，美《通胀削减法案》可能会阻碍日本在美进一步投资 [N/OL]. (2022-11-05) [2025-02-17]. https://news. qq. com/rain/a/20221105A03ZLJ00.

⑥ 李晓喻. 中国将美通胀削减法中新能源汽车补贴措施诉诸WTO [N/OL]. 中国新闻网，2024-03-26 [2025-02-17]. https://www. chinanews. com. cn/gn/2024/03-26/10187417. shtml.

⑦ US Department of Justice, Antitrust Division. Litigation Program [EB/OL]. (2025-01-13) [2025-02-17]. https://www. justice. gov/atr/litigation-program.

委员会联合对谷歌、苹果、亚马逊等大型科技公司发起了一系列反垄断诉讼①。截至本书写作之日，除谷歌被判非法垄断在线搜索市场外，这些案件大多尚在审理过程中，结果尚不确定②。而随着 2025 年特朗普重新上台，美国政府在反垄断问题上的立场可能发生改变。

三、美国产业政策的"变"与"不变"

相较于特朗普政府，拜登政府的执政风格在三个主要方面展现出明显的不同。首先，在处理国际关系时，拜登政府摒弃了特朗普政府的孤立主义立场，转而努力巩固与盟友的联系，其中包括致力于解决与盟友间的贸易分歧并在人工智能等领域展开合作。其次，在能源政策领域，拜登政府倾向于推动清洁能源的发展，这与特朗普政府对传统化石燃料的偏好形成了鲜明的对比。最后，在政策工具的选择上，拜登政府更倾向于使用补贴，而特朗普则认为提高关税更为有效。随着这两位总统的交替执政，美国在这些关键政策方向上的不断变化，给全球经济带来了巨大的不确定性。

然而，拜登政府继承并发扬了特朗普政府的对华遏制政策。在贸易领域，拜登政府不仅保留了特朗普时期对中国加征的关税，还试图通过"印太经济框架"联合盟友，以进一步孤立中国。颇具讽刺意味的是，尽管拜登政府试图联合盟友共同对抗中国，但在合作过程中频繁流露出"美国优先"的态度，极大地削弱了盟友对美国的信任。如前所述，《通胀削减法案》中的本地含量条款损害了欧盟和日韩的利益，激起了它们的强烈反对。此外，在"印太经济框架"的磋商过程中，美国坚持要求其他国家遵守其制定的规则，却未向

---

① 肖余林. 苹果、谷歌、亚马逊、Meta 集体坐上被告席，反垄断在 2024 年爆发 [N/OL]. 澎湃新闻，2024-01-09 [2025-02-17]. https：//www.thepaper.cn/newsDetail_forward_25941312.

② 吴雨欣，胡含嫣. 世纪反垄断案败诉！谷歌被裁定垄断搜索市场，面临分拆还是巨额罚单？[N/OL]. 澎湃新闻，2024-08-06 [2025-02-17]. https：//www.thepaper.cn/newsDetail_forward_28319926.

这些国家展示出开放本国市场的诚意，这让部分国家感到失望①。2025 年 1 月 3 日，拜登还以"保护美国的国家安全"为由，阻止了日本制铁对美国钢铁公司的收购，这引发了日本政界和企业界的强烈不满和质疑②。此后，随着素有孤立主义倾向的特朗普再次上台，美国与盟友之间的合作前景很可能将会变得更加黯淡。

参考文献

［1］唐小松，孙玲.北美自贸协定重谈及其影响［J］.广东外语外贸大学学报，2019，30（02）：5-11+47.

［2］余永定.特朗普税改：两减一改、三大新税种和对美国经济的影响［J］.国际经济评论，2018（03）：9-25+4.

［3］宋国友，张渝国.特朗普政府经济政策回顾及其制度影响［J］.当代世界，2020（12）：38-43.

［4］张天桂."印太经济框架"新进展及其对亚太区域经济一体化的影响［J］.国际论坛，2024，26（04）：137-154+160.

［5］张厶月，祝琳.美国《基础设施投资和就业法案》概况、进展及影响［J］.社会科学前沿，2022，11（5）：1580-1586.

---

① 陈思佳."印太经济框架"贸易谈判陷入僵局，日媒：美国自己正成为障碍［N/OL］.观察者网，2024-02-04［2025-02-17］.https：//news.qq.com/rain/a/20240412A062XX00.

② 熊茂伶.拜登反对日本制铁公司收购美国钢铁公司［N/OL］.新华网，2024-03-15［2025-02-17］.http：//www.news.cn/20240315/997dae1201eb4004a28a36c2ea9ee37b/c.html.

第十六章　美欧产业政策的启示

◇ 一、"再工业化"的困境

美国的"再工业化"战略始于奥巴马执政时期。2008年全球金融危机后，奥巴马启动了对通用和克莱斯勒两大汽车制造商的救助方案。2009年12月，奥巴马政府发布了《重振美国制造业框架》（A Framework for Revitalizing American Manufacturing），深入分析了美国制造业所面临的挑战，并提出了以创新促进就业、重点发展未来产业的战略方向。2010年，奥巴马签署了《美国制造业促进法案》，旨在帮助制造业降低成本，恢复竞争力，创造更多就业机会。在2013年起的第二个任期内，奥巴马政府连续推出了多项法案，包括《美国先进制造伙伴计划》《振兴美国制造业与创新法案》《国家先进制造战略计划》《清洁能源计划》，聚焦于支持高端制造和新能源等关键领域[1]。

奥巴马政府的继任者继承了对"再工业化"战略的支持。2018年，特朗普政府推出了《美国先进制造业领导力战略》，强调制造业在经济、安全和就业方面的战略重要性，并重申了保持美国在全球先进制造业的领导地位和竞争力的必要性。特朗普政府还采取了降低企业所得税、"去监管"和加征关税等措施，大力推动制造业回归美国。到了2022年，拜登政府发布了《国家先进

---

[1]　张锐. 美国制造业回流的成绩单与阻抗力［N/OL］. 第一财经，2024-10-22［2025-02-18］. https：//www.yicai.com/news/102322820.html.

制造业战略》，再次确认制造业是推动美国经济和确保国家安全的核心力量，并提出了三个主要战略方向：专注于特定技术目标、提升劳动力技能以及增强供应链的弹性。此外，拜登政府通过《芯片与科学法案》和《通胀削减法案》，为芯片、新能源汽车等先进制造业领域提供了大量财政支持[1]。

　　然而，事后看来，这些政策并未成功振兴美国制造业。在就业方面，尽管自2010年起美国制造业的就业人数停止了下滑（见图16-1），但其在非农就业中的占比却持续下降，截至2024年12月，这一比例已不足10%（见图16-2）。与此同时，美国制造业增加值在GDP中的比重，在经历几次轻微的反弹后，又迅速回到了下降的轨道，截至2023年，这一比重仅略高于10%（见图16-3），显著低于同期的中国、韩国、德国和日本①。此外，2009年以来，美国的制造业出口增长势头显著减弱（见图16-4），而且高科技产品在制成品出口中的比重并未显示出持续的提升（见图16-5）。更严重的是，美国制造业的多要素生产率（Multi-factor Productivity）——一个衡量技术水平和生产效率的关键指标，自2009年起也陷入了停滞不前的境地（见图16-6）。综上所述，尽管美国推行"再工业化"战略已有十多年，但其制造业规模并未显著扩大，产业结构亦未显现出向高端化发展的趋势。

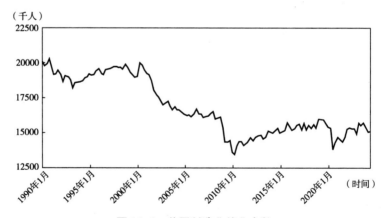

图16-1　美国制造业就业人数

资料来源：CEIC，OECD。

① 世界银行的数据显示，2023年，中国制造业增加值在GDP中所占比重达到26%，韩国该比重为24%，德国该比重为19%。日本方面，最新可获取的数据为2022年的，其制造业增加值在GDP中的占比为19%。

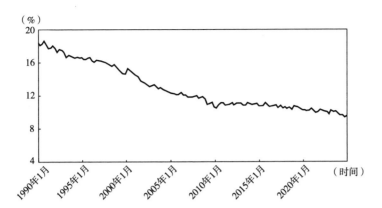

图 16-2　美国制造业就业占非农就业比重

资料来源：CEIC，OECD。

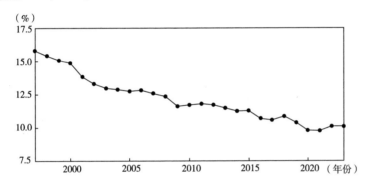

图 16-3　美国制造业增加值占 GDP 的比重

资料来源：CEIC，BEA。

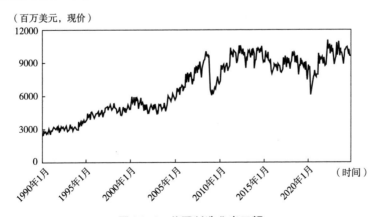

图 16-4　美国制造业出口额

资料来源：CEIC，UCB。

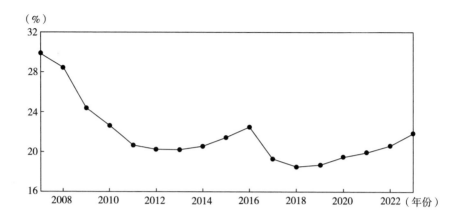

图16-5　美国高科技出口占制成品出口的比重

资料来源：CEIC，WB。

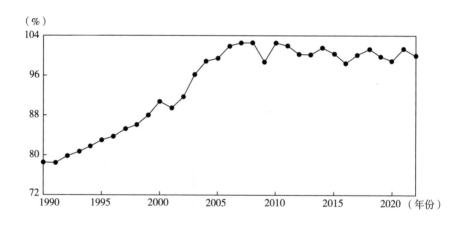

图16-6　美国制造业多要素生产率（2017年＝100）

资料来源：CEIC，BLS。

　　美国的"再工业化"政策未能实现预期目标，原因多种多样。首先，美国的产业政策缺乏连贯性。在奥巴马执政初期，主要通过财政支出和补贴促进制造业的发展。但是，2014年中期选举后，随着共和党控制参议院，这些政策受到了显著限制。特朗普上台后，取消了奥巴马时期的部分补贴政策，转而采用提高关税、降低所得税等手段，试图吸引制造业回流美国。然而，这些措施未能从根本上解决美国制造业竞争力不足的问题，反而引发了多起贸易争端，对美国制造业的出口和供应链均产生了负面影响。拜登上台后，再次开始实施大规模的补贴计划，但在中期选举后又陷入了与奥巴马政府一样的困境。总之，美国产业政策的摇摆不定足以让投资者踌躇不前，特别是对于一些需要长期投资的制造业行业而言[2]。

其次，美国制造业在经历长期的去工业化之后，已经失去了其原有的供应网络和人才基础。20 世纪 80 年代以来，众多美国企业纷纷将生产活动迁移到成本较低的国家。如今，美国制造企业高度依赖海外供应商，而重建本土供应体系不仅需要巨大的资金投入，还要求上下游企业的通力合作，这无疑是一项艰巨的任务。除此之外，高昂的劳动力成本、陈旧的基础设施以及严格的监管法规，都使美国制造业在成本竞争中处于劣势地位。至于靠推广自动化技术来降低制造业成本，这在美国面临两个困难：一是拥有强大政治力量的工会抵制自动化①，二是缺乏能安装、维护和使用自动化设备的技术工人②。总之，美国在短期内恐怕难以克服重重障碍，实现制造业的复兴。

无独有偶，欧盟的"再工业化"战略也不太成功。在 2012 年，欧盟委员会发布了一份名为《强大的欧盟工业有利于经济增长与复苏》的文件，提出了一个雄心勃勃的目标：到 2020 年，将制造业增加值占欧盟 GDP 的比重提升至 20%③。然而，实际情况是，截至 2020 年，制造业占欧盟 GDP 的比重仅为 14.5%，在接下来的几年里，这一数字也没有出现明显的增长（见图 16-7）。相关研究表明，区域发展失衡、政策传导不畅以及难以摆脱对传统优势产业的依赖，是阻碍欧盟通过产业升级实现"再工业化"的主要原因[3]。

---

① 徐超，闫洁，马湛. 港口罢工之争折射美国产业升级之困 [N/OL]. 新华网，2024-10-17 [2025-02-18]. http://www.china.com.cn/txt/2024/10/17/content_117490816.shtml.

② 马欢. 美国工厂很缺人：缺口达 80 万人，年薪 90 万元招不到建筑工 [N/OL]. 澎湃新闻，2023-07-30 [2025-02-18]. https://www.thepaper.cn/newsDetail_forward_24046589.

③ European Commission. A Stronger European Industry for Growth and Economic Recovery [R/OL]. (2022-10-10) [2025-02-18]. https://eur-lex.europa.eu/legal-content/EN/TXT/? uri = CELEX: 52012DC0582.

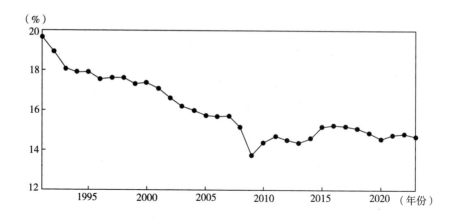

图 16-7 欧盟制造业增加值占 GDP 的比重

资料来源：CEIC，WB。

二、"去风险"的风险

审视美国和欧盟自 2020 年以来推行的各种产业政策，可以发现"去风险"一词的使用频率大幅上升。"去风险"原本是一个金融术语，它指的是降低潜在损失的可能性或减少实际损失，以保护投资者和市场免受风险因素的侵扰。近年来，美国和欧盟开始将"去风险"的概念扩展到地缘政治领域，目标是降低对某些国家的供应链依赖，并维护自身在关键领域的竞争优势[4]。

近年来，为了实现"去风险"，美国和欧盟向半导体、汽车、清洁能源等领域的企业提供了巨额补贴，并采取了贸易保护主义措施以限制外国竞争。这些政策有效地推动了制造业投资的增长，但也引发了相当严重的浪费。以美国为例，自 2022 年起，随着《通胀削减法案》和《芯片与科学法案》的实施，制造业的固定资本形成总额显著增加（见图 16-8）。然而，据英国《金融时报》的调查结果，在这两个法案实施的第一年宣布的重大投资项目中，约有 40% 遭遇了延期或中止。这些搁置的大型项目包括太阳能面板工厂、电池存储设施、锂精炼厂以及晶圆厂等，涉及总投资额高达 840 亿美元。项目受阻的原因多样，包括合格劳动力的短缺、成本的上升、市场需求的下降以及补贴发放的延迟等①。

（十亿美元，按2017年价格计）

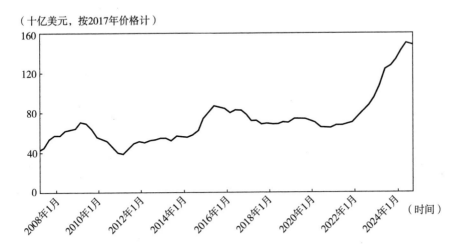

图16-8　2008—2024年美国制造业固定资本形成总额

资料来源：CEIC，BEA。

与此同时，欧盟资助的一些重大项目也陷入了困境。2024年11月22日，欧洲领先的电池制造商北伏（NorthVolt）申请破产保护。作为欧洲共同利益重要项目（IPCEI）的一部分，北伏此前曾获得德国政府提供的9.02亿欧元的财政拨款。此外，该公司还从欧洲投资银行和私人投资者手中募集了超过100亿欧元的资金。然而，由于过度扩张和缺乏专业技术人才等问题，北伏最终迎来了失败的命运。这不仅给政府和投资者带来了巨大的损失，也对欧盟发展本土电池产业的雄心造成了沉重的打击②。

北伏的失败仅是冰山一角。近年来，欧洲的芯片和绿色产品制造项目遭遇大面积延期或取消。在芯片方面，诸如英特尔、英飞凌等知名企业纷纷推迟了

①　CHU A，WHITE A，BASARKAR R. Delays Hit 40% of Biden's Major IRA Manufacturing Projects ［N/OL］. 2024-08-12［2025-02-18］. https：//www. ft. com/content/afb729b9-9641-42b2-97ca-93974c461c4c.

②　邓宇飞. 北伏破产：欧洲新能源产业为何遇挫［N］. 光明日报，2024-12-17（016）.

在德国等地建设大型晶圆厂的计划①。在清洁能源方面，风力涡轮机的产能扩张相对顺利，但电池和太阳能面板的产能增速却难以实现《净零工业法案》所设定的 2030 年目标（见表 16-1）。此外，彭博社的一篇报道指出，在欧洲制造商投资建设的 16 家电池工厂中，有 12 家面临延期或取消的命运，而亚洲制造商在该地区投资的项目大多能够按计划推进②。以上项目受挫的原因包括本土制造商技术能力不足、市场需求下降以及补贴发放延迟等。

表 16-1　欧盟净零工业产能差距

技术领域	2024 年实际产能	2030 年产能目标	达到目标所需增长（%）
风能	13GW	36GM	177
电池	75GWh	549GWh	632
太阳能	1GW	30GW	2900

资料来源：DE VILLE F. Is the EU's Green Industrial Policy Doomed to Fail？［EB/OL］.（2024-06-24）［2025-02-18］. https：//www. greeneuropeanjournal. eu/is-the-eus-green-industrial-policy-doomed-to-fail/.

美欧制造业投资项目受阻的两个共同原因是补贴拨付延迟以及市场需求疲软。其中，补贴拨付延迟似乎与政府资金缺口有关。以芯片制造业为例，这是一个典型的资本密集型行业。2022 年，仅英特尔、台积电和三星三家企业的资本支出之和就接近 1000 亿美元，这比欧盟计划在未来十年内向半导体行业提供的补贴的两倍还多。而且随着芯片制造工艺的进步，该行业所需的投资额呈指数级增长。据估计，建造一座月产量在 5 万片晶圆的 2 纳米制程晶圆厂的总投资大约为 280 亿美元，比同样产能的 3 纳米晶圆厂高出 40%③。在这种背景下，企业需求与政府预算之间的差距只会随着时间的推移越来越大。

---

① 半导体产业纵横. 晶圆厂延期：是正片也是续集［EB/OL］.（2024-09-02）［2025-02-18］. https：//www. 163. com/dy/article/JB3KU0NL05198R91. html.

② 阮佳琪. 欧洲投资 360 亿美元牵头的 16 家电池厂黄了 12 家，"无法打破中国主导"［N/OL］. 观察者网，2024-12-10［2025-02-18］. https：//www. guancha. cn/internation/2024_12_10_758306_2. shtml.

③ CHENG T F, LI L. The Great Nanometer Chip Race［N/OL］. NIKKEI Asia，2023-12-13［2025-02-18］. https：//asia. nikkei. com/Spotlight/The-Big-Story/The-great-nanometer-chip-race.

2024 年 2 月，时任美国商务部长雷蒙多透露，尖端芯片制造企业申请的补贴金额已超过 700 亿美元，远高于美国政府计划提供的 280 亿美元；为了缩小资金缺口，美国商务部正在与各家公司进行"艰难的谈判"，以敦促它们"少花钱、多办事"①。这显然影响了部分项目的进度，比如，英特尔的 CEO 曾抱怨称，在经历了漫长的等待之后，该公司仍未收到任何补贴②。

造成欧美制造业投资受阻的另一个原因——市场需求疲软，这与成本上涨有关。以电动汽车为例，2024 年第三季度末，美国市场一辆全新纯电动汽车在补贴前的售价约为 5.6 万美元，较新车平均交易价格高出 16%③。同年 5 月，欧洲市场电动汽车的平均价格约为 3.5 万欧元，这一价格同样远超同级别的燃油车型④。欧美电动汽车之所以价格昂贵，除了本地供应链尚不成熟外，政府补贴的减少也是一大原因。2023 年 12 月，德国取消了每辆 3000~4500 欧元的电动汽车购车补贴，导致电动汽车销量急剧下滑。2025 年 1 月 20 日，特朗普再次出任美国总统后，立即宣布废除每辆电动汽车 7500 美元的税收优惠，这一举措预期将给美国电动汽车市场带来沉重打击⑤。展望未来，市场需求的减少可能会进一步抑制投资，而投资的减少又会使本地供应链难以完善，最终可能导致欧美电动汽车的生产成本居高不下。

综上所述，近年来美国和欧盟实施的"去风险"政策之所以遭遇困境，一大根本原因在于政府补贴不足。然而，鉴于欧美各国的财政赤字和公共债务水平持续攀升，未来恐怕难以提供更加慷慨的补贴。在 2024 财年，美国政府

---

① 南博一. 美商务部：芯片公司申请补贴数额超 700 亿，正进行艰难谈判［N/OL］. 澎湃新闻，2024-02-27［2025-02-18］. https：//www. thepaper. cn/newsDetail_forward_26482320.

② 刘蕊. 美国《芯片法案》拖了又拖！英特尔 CEO 抱怨：一分钱都没见到［N/OL］. 财联社，2024-11-01［2025-02-18］. https：//www. cls. cn/detail/1845408.

③ Cox Automotive. Kelley Blue Book Report：New-Vehicle Prices End Q3 Lower Year Over Year；Incentive Spending Increases for Third Straight Month［EB/OL］.（2024-10-9）［2025-02-18］. https：//www. coxautoinc. com/market-insights/september-2024-atp-report/.

④ 周信. 5 月欧洲汽车销量下滑，中国新能源车对欧出口增速与均价齐跌［N/OL］. 经济观察网，2024-06-28［2025-02-18］. http：//www. eeo. com. cn/2024/0628/669274. shtml.

⑤ 安丽敏. 特朗普取消电动汽车鼓励政策考虑结束购车税收抵免优惠［N/OL］. 财新网，2025-01-21［2025-02-18］. https：//www. caixin. com/2025-01-21/102281608. html.

的财政赤字高达 1.8 万亿元，占 GDP 的比重为 6.4%①。截至 2024 年 11 月，美国国债规模达到了空前的 36 万亿美元，占 GDP 的比重超过了 120%②。与此同时，法国、意大利、匈牙利等 8 个欧盟成员国的财政赤字也突破了欧盟《稳定与增长公约》设定的不得超过 GDP 的 3% 的上限，因此被欧盟委员会要求立即采取整改措施，否则可能面临罚款③。

法国这一欧盟核心成员国的状况尤其令人担忧。近年来，由于实施"法国 2030"计划以及援助乌克兰导致的巨额开支，法国的公共债务在 2024 年第三季度已攀升到 GDP 的 112%，预计全年财政赤字率接近 6.1%④。2024 年 10 月 1 日，新任法国总理巴尼耶发布了 2025 年政府预算案，提出征收 194 亿欧元的税收并削减 413 亿欧元的支出，以降低赤字率。然而，这一预算案遭到了法国左右两翼政党的共同反对，导致巴尼耶政府仅维持了 91 天便宣告倒台。政治动荡进一步加剧了金融市场对法国主权信用的担忧，使法国政府的借贷成本一度飙升至接近 2010 年希腊债务危机前的水平⑤。

由于众多接受补贴的项目状况堪忧以及各国公共债务水平持续攀升，公众对补贴的质疑声越发强烈。早在美国的《芯片与科学法案》出台之前，彼得森国际经济研究所（PIIE）的一份报告就已预测，该法案将创造 43000 个长期工作岗位，但每个岗位每年将耗费纳税人 185000 美元，这一数字是美国半导体行业员工平均年薪的两倍⑥。对于这种"浪费纳税人的钱"的行为，素以保守主义著称的美国共和党人颇有微词。但特朗普政府在加征关税这一行为上，也可能造成原本由纳税人承担的税负转嫁到消费者身上。鉴于近年来欧美国家

① 华尔街见闻．200 多年罕见，美国政府 2024 财年赤字突破 1.8 万亿 ［N/OL］．澎湃新闻，2024-10-21 ［2025-02-18］．https：//www. thepaper. cn/newsDetail_ forward_ 29088068.

② 何欣．美国国债突破 36 万亿美元债务螺旋带来严峻考验！［N/OL］．中国新闻网，2024-11-26 ［2025-02-18］．http：//www. chinanews. com. cn/gj/2024/11-26/10325588. shtml.

③ 宋亮．欧盟要求法国等 8 个成员国采取行动削减赤字否则可能罚款 ［N/OL］．央视新闻，2024-11-27［2025-02-18］．https：//news. cctv. cn/2024/11/27/ARTIS939x3W0MpvZoC8ks48v 241127. shtml.

④ 李文昕．法国再削减预算 50 亿欧元以争取赤字达标 ［N/OL］．新华网，2024-07-13 ［2025-02-18］．http：//www. news. cn/20240713/8b1206d7ff204e23a438c8a1bd1ac253/c. html.

⑤ 赵天舒．91 天! 法国最"短命"政府倒台 ［N］．北京商报，2024-12-06（008）．

⑥ HUFBAUER G C, HOGAN M. Industrial Policy through the CHIPS and Science Act：A Preliminary Report ［R/OL］．PIIE Briefings 25-1，2025-01 ［2025-02-18］．https：//www. piie. com/publications/piie-briefings/2025/industrial-policy-through-chips-and-science-act-preliminary-report.

正面临巨大的通胀压力,加征关税可能带来的经济和政治风险不容忽视。

截至本书写作之时,美欧实施"去风险"战略的时日尚短,无法对其实际效果进行全面评估。但是,从历史视角来看,这一战略与南美国家在 20 世纪 80 年代之前实施的进口替代策略有着惊人的相似之处。首先,两者均以"降低对外依赖"为目的;其次,两者都对国内产业提供了大量补贴,同时对外采取关税等保护主义措施。然而,正如本书第十三章所述,进口替代策略的实施效果并不理想:在"二战"结束后的 30 多年里,实施该策略的南美国家不仅技术进步缓慢,还面临企业效率低下、产业结构失衡以及国际收支恶化等一系列问题,最后更是爆发了严重的债务危机。有学者指出,进口替代策略之所以难以取得成功,主要原因在于国内市场规模有限且竞争不足,这种环境不利于激发企业的创新动力,反而容易使企业产生对政府补贴的依赖[5]。反观当前欧美国家推行的"去风险"战略,同样面临市场狭小、竞争不足的问题。至于该战略是否会重蹈进口替代的覆辙,还有待时间的验证。

三、"创新型国家"的挑战

创新对经济增长的重要性不言而喻。依据内生增长理论,虽然发展中经济体可以通过增加资本和劳动力等要素投入来实现经济增长,但对于发达经济体而言,通过创新来提升全要素生产率是维持长期增长的唯一有效途径。此外,技术外部性理论指出,企业创新所带来的社会效益远超过其为自身创造的经济利益。因此,政府有必要提供额外激励,以激发企业的创新活力,进而实现社会利益的最大化。鉴于此,美国和欧盟多年来一直致力于通过税收减免、直接补贴以及构建创新生态系统等手段,为企业创造良好的创新环境。比如,美国推出了诸如"先进制造业国家战略计划""美国创新战略"等一系列政策,旨在推动高新技术产业的发展和传统产业的转型升级;欧盟则通过"地平线欧洲"等计划,加大对科研和创新项目的资金支持,同时推动成员国之间的科研合作与资源共享,以期在全球创新竞争中占据有利地位。然而,尽管美欧在创新支持上投入巨大,但如何确保这些政策能够有效激发企业的创新动力,避免创新资源错配和浪费，仍是其面临的重要挑战。

从历史的角度审视，美国政府在推动创新方面卓有成效。在"冷战"时期，美国政府对国防和航天领域的科学研究进行了巨额投资，不仅成功完成了登月等重大任务，还催生了一系列创新成果，为计算机、半导体等行业的后续发展创造了条件。例如，在 1958 年，为了应对苏联发射"斯普特尼克 1 号"卫星所带来的挑战，美国成立了国防部高级研究计划局（DARPA），当时名为"高等研究计划局（ARPA）"。该机构资助了众多前沿科技的早期研究，包括互联网和全球定位系统（GPS）等，为美国日后引领第四次技术革命奠定了坚实的基础[6]。

作为美国创新政策的一大标杆，DARPA 模式的核心在于政府直接投资于尚处于商业化早期的前沿技术，旨在缓解这类项目面临的融资难问题。为了提升投资的成功率，DARPA 邀请来自学术界或产业界的专家担任项目总监，负责研究项目的筛选和资金分配。项目总监深入参与研究项目的执行过程，包括与研究者共同设定关键绩效指标（Milestones）、监督指标的实现情况，根据需要调整指标以及决定资金的发放等。概括而言，DARPA 模式的精粹在于：由专业人士而非政府官员担任项目主管，以降低信息不对称性；同时通过严格监管、密切沟通、灵活调整，来应对前沿技术发展中固有的高度不确定性[7]。后来，美国政府又设立了一系列"仿 DARPA"项目，包括能源领域的 ARPA-E 和健康领域的 ARPA-H 等，但这些新项目似乎难以重现 DARPA 的成就①。

对于更加成熟的技术的研发和产业化，美国政府采取了另一种支持策略——公私合作联盟，其典范是 1988 年成立的。半导体制造技术战略联盟（Semiconductor Manufacturing Technology，Sematech），它由英特尔（Intel）、德州仪器（Texas Instruments）等 14 家美国领先的芯片制造商共同组建。该联盟致力于探索降低芯片制造成本和减少产品缺陷率的途径，旨在重振美国半导体产业的雄风。在资金来源方面，美国国防部每年向 Sematech 提供 1 亿美元，而成员公司则承诺至少投入同等数额的资金。

Sematech 成立于美国半导体产业遭遇重大挑战之际。在 20 世纪 80 年代中

---

① TOLLEFSON J. 为何全世界都想复制美国的高级研究计划局（ARPA）模式？［EB/OL］.（2021-09-02）［2025-02-18］. https：//news. qq. com/rain/a/20210902A05LFV00.

期，美国半导体产业在市场份额和产品质量上均落后于日本竞争对手。这种情况引起了美国政府和商界的深切忧虑，他们担心美国不仅会失去一个极具创新潜力的产业，还可能面临从计算机到武器系统的所有战略性产品的核心部件短缺。然而，到了 20 世纪 90 年代中期，情况已经发生了根本性的转变，美国半导体产业重新夺回了优势。促成这一转变的因素包括 1986 年《美日半导体协议》的签署、1991 年日本经济泡沫的破灭，以及 Sematech 的贡献。有证据表明，Sematech 显著提高了研发效率，缩短了研发周期，从而提升了美国半导体行业的整体竞争力[8]。

美国总会计署在 1992 年对 Sematech 的经验进行了总结，指出该联盟的成功可归因于四个关键因素：第一，由企业而非政府机构领导联盟更有助于创新，因为企业对市场和技术的理解更为深刻，能够更准确地确定研发需求，而政府机构的角色应仅限于监督和协调。第二，产业链上游的材料和设备供应商的参与至关重要，他们的合作对推动创新和提升整个产业的竞争力具有显著作用。第三，成员公司的高管积极参与研发目标的设定和进度监督，有助于提高员工的参与度和项目的管理水平。第四，制定行业标准和规范有助于整合研发资源，实现成员公司之间的成果共享和成本降低[9]。

Sematech 也曾遭遇过挫败。该联盟曾经向一家名为 GCA 的美国光刻机公司投入重金，但该公司最终倒闭，给 Sematech 带来了重大损失。GCA 在 20 世纪 70 年代末和 80 年代初曾辉煌一时，但后来因产品质量下降而输给日本竞争对手。然而，作为美国唯一的芯片制造设备供应商，GCA 被认为对保持美国芯片产业的竞争力至关重要。因此，在其最大成员企业英特尔的坚持下，Sematech 在 1988—1992 年共向 GCA 投入了 6000 万~8000 万美元，这占据了其总预算相当大的一部分。得到这笔资金的 GCA 虽然提升了产品质量，但由于市场需求不足，最终仍然不得不宣告破产。这一案例表明，与前沿技术的探索不同，技术产业化需要更多地考虑商业环境的限制[10]。

不管如何，到了 20 世纪 90 年代中期，Sematech 还是成功地完成了振兴美国半导体产业的使命。1996 年，该联盟决定停止接受美国政府的资助，转型成为一个独立的行业组织。随后，它逐步放宽了对会员资格的限制，开始接纳外国企业的加入。1999 年，荷兰光刻机制造商 ASML 加入了 Sematech。但是，由于各种原因，该联盟未能重现昔日辉煌。在经历了多年的衰落后，于2015 年被纽约州立大学理工学院（SUNY Poly）合并，结束了作为一个独立组织存在的历史[11]。

尽管 Sematech 已经落幕，但它作为美国公私合作研发联盟的一个典范，被后续的众多项目所效仿，例如，1993 年启动的国家电子制造计划（NEMI）、2008 年的全国先进运输电池制造联盟（NAATBatt）以及 2014 年的美国国家制造业创新网络（NNMI）。其中，NNMI 依据《振兴美国制造业与创新法案》而成立，其目标是整合工业界、学术界和政府机构的资源，加速先进制造技术的研发和商业化进程，以提升美国制造业的竞争力。NNMI 的核心是一系列制造创新研究所，每个研究所聚焦于一个特定的技术领域，采用公私合作模式运作，即由联邦政府提供部分资金支持，同时吸引地方政府、大学、企业等投入配套资金，共同推动研究院的建设和运营。2016 年，NNMI 更名为制造美国（Manufacturing USA）[12]。为了方便，本书仍然沿用 NNMI 这一旧称。

根据最新的 2023 年度报告，NNMI 目前拥有国家增材制造创新研究所（America Makes）、国家生物制药创新研究所（NIIMBL）、先进复合材料制造创新研究所（IACMI）等 17 个研究所，以及美国国防部、商务部、能源部等 9个政府部门成员。2022 财年，该网络共投入资金 4.16 亿美元，实施了 678 个项目，合作机构总数达到 2572 个，涵盖 436 家大型制造商、1177 家小型制造商、568 个学术机构（包括大学和社区学院等），以及 330 个其他实体组织（包括政府成员、政府实验室、非营利性机构等）[13]。

NNMI 继承了 Sematech 的若干制度和经验。首先，它将政府资金支持的范围限定于竞争前技术研发和人员培训项目。所谓竞争前技术（Pre-competitive Technology），指的是那些可供所有企业使用的基础设施技术，它们不会给任何企业带来独特的竞争优势，但能为进一步的研发打下基础。Sematech 的实践表明，将联盟的研发目标集中于竞争前技术，可以减少成员间的利益冲突、促进合作。同时，NNMI 借鉴了 Sematech 的知识产权条款，赋予成员对研究所内开发的知识产权有限的优先使用权，作为提供会员价值的一种方式。此外，NNMI 致力于制定技术标准和构建技术路线图，旨在加强产业生态的协同性并提升不同技术之间的互操作性，这也与 Sematech 的成功经验相契合[14]。

NNMI 的另外一些制度则与 Sematech 存在显著的区别。首先，与 Sematech 主要针对大型企业不同，NNMI 吸纳了众多中小企业会员。为了满足不同类型的企业的需求，NNMI 引入了分级会员制度，即根据缴纳会费的不同将会员分为若干个级别，每个级别的会员对研究所的设施和知识产权享有不同的使用权限[15]。此外，与 Sematech 集中资源推进少数项目的做法不同，NNMI 资助的项目数量较多，对每个项目投入的资金较少。以 2022 财年为例，按照总资金 4.16 亿美元、共实施 678 个项目来计算，平均每个项目获得的资金仅有 60 多万美元。相较于 Sematech 集中资源推进重大项目的策略，NNMI 采取的"广撒网"式的资助策略更有助于分散风险，并且能更有效地支持中小企业、促进就业增长。

根据其 2023 年度报告，NNMI 在吸引投资、培养人才和开发技术方面成绩斐然。在 2022 财年，NNMI 利用 1.09 亿美元的种子资金成功吸引了 3.07 亿美元的配套资金，资金配套比例高达 1∶2.8，充分展示了其强大的资金杠杆作用。同时，NNMI 为 10.6 万名学生、工人和教师提供了先进制造技术方面的培训，为行业的发展积累了大量的人才资源。此外，在接受 NNMI 资助的研究项目中，有 85% 达到了关键技术指标，这充分证明了 NNMI 高效的研发管理能力[13]。一些案例还显示，NNMI 有效地推动了信息交流和技术转移，惠及众多中小企业[16]。

然而，也有研究揭示，NNMI 在促进就业和扶持初创企业方面并未显现出显著成效。这一状况主要由两大因素导致：首先，部分研究所被成熟行业的大型企业所主导。这些企业往往更倾向于运用新技术来优化现有产品，此举虽能在一定程度上助力现有企业保持竞争力并稳定就业岗位，但从长远来看，因缺乏对新兴产业及初创企业的有力支持，可能遏制了就业的进一步增长。其次，美国长期面临教育与基础设施投资不足的困境，这直接导致了高素质劳动力的匮乏及企业发展机会的受限，从而使 NNMI 在创造就业方面的潜力难以充分发挥[17]。

目前，由于资料有限，对 NNMI 的实际成效进行全面和准确的评估颇具挑战性。然而，依据过往经验，公私合作研发项目的成功，在很大程度上受到情境因素的影响。以 Sematech 为例，其成功究竟在多大程度上归功于自身的努力，又在多大程度上应归因于外部因素（如《美日半导体协议》），这一点并不容易分辨。1993 年，美国总会计署在其发布的 Sematech 总结报告中也指出："该项目是否可以被复制，以及在何种条件下可以被复制，均存在不确定性。"[9] 在大西洋的另一侧，另一个成功的公私合作研发联盟——德国的弗劳恩霍夫应用研究促进协会，在其他欧盟国家的复制尝试也遭遇了挑战[18]。

在本章的结尾，我们有必要强调一点：公私合作研发并非激发创新的"万能钥匙"。实际上，提升一国（地区）的创新水平是一个复杂的系统工程，它需要多种政策工具的共同作用。有知名学者在总结了大量关于创新政策的经验证据后发现，政府需要在不同的时间维度上综合运用税收优惠、出口促进和人才供应等多种政策工具，才能持续、有效地促进创新（见表 16-2）。展望未来，面对激烈的国际竞争，如何根据本国（地区）的实际情况采取有效的创新政策，值得每一个国家（地区）的政策制定者深思。

表 16-2　不同创新政策的有效性

政策	证据质量	证据的确凿性	净收益	时间范围
直接研发拨款	中	中	中	中期
研发税收抵免	高	高	高	短期
专利盒制度	中	中	负	无适用
技术移民	高	高	高	短期至中期
大学：激励措施	中	低	低	中期
大学：理工科（STEM）人才培养	中	中	中	长期
贸易与竞争	高	中	高	中期
知识产权改革	中	低	未知	中期
任务导向型政策	低	低	低	中期

资料来源：BLOOM N，VAN REENEN J，WILLIAMS H. A Toolkit of Policies to Promote Innovation [J]. Journal of Economic Perspectives，2019，33（3）：163-184.

参考文献

[1] 刘建丽，黄骏玮，金亮.美国先进制造产业政策：演化特征与内在逻辑——兼论美国"新产业政策"的形成 [J]. 国际经济合作，2024（01）：

46-58+87.

[2] 钟正生，范城恺.国际金融危机后，美国"再工业化"何以艰难？[R/OL].平安证券宏观研究，（2023-09-26）[2025-02-17].https：//news. qq. com/rain/a/20230926A07FU800.

[3] 孙彦红，吕成达.欧盟离"再工业化"还有多远？——欧盟"再工业化"战略进展与成效评估 [J].经济社会体制比较，2020（04）：147-159.

[4] 常思纯，李清如.试析美欧日对华"去风险"政策 [J].当代美国评论，2023，7（03）：21-41+127-128.

[5] CHERIF R，HASANOV F. The Pitfalls of Protectionism：Import Substitution vs. Export-Oriented Industrial Policy [J]. Journal of Industry，Competition and Trade，2024，24（1）：1566-1679.

[6] 罗伯特·阿特金森，史蒂芬·伊泽尔.创新经济学：全球优势竞争 [M].王瑞军，等译，北京：科学技术文献出版社，2014.

[7] JUHÁSZ R，LANE N，RODRIK D. The New Economics of Industrial Policy [J]. Annual Review of Economics，2024，16（1）：213-242.

[8] HOF R D. Lessons from SEMATECH [R/OL].MIT Technology Review，（2011-07-25）[2025-02-18].https：//www. technologyreview. com/2011/07/25/192832/lessons-from-sematech/.

[9] United States General Accounting Office. Lessons Learned From SEMATECH [R/OL].Federal Research GAO/RCED-92-283，1992-09 [2025-02-18].https：//www. gao. gov/assets/rced-92-283. pdf.

[10] WEBER J U S. Computer Chip Venture Faces Setback [N/OL]. Los Angeles Times，1993-04-30 [2025-02-18].https：//www. latimes. com/archives/la-xpm-1993-04-30-mn-29240-story. html.

[11] VAN STEENBURG. With CHIPS Down，SEMATECH Gets Second Look [N/OL]. National Defense Magazine，2022-06-02 [2025-02-18].https：//www. nationaldefensemagazine. org/articles/2022/6/2/with-chips-down-sematech-gets-second-look.

[12] 朱焕焕，陈志.从"国家制造业创新网络"到"美国制造"——美

国制造业战略的延续与变化 ［J］. 全球科技经济瞭望, 2019, 34 (02)：1-6.

［13］Manufacturing USA. 2023 Annual Report ［EB/OL］.（2024-04-30）［2025-02-18］. https：//www. manufacturingusa. com/reports/2023-manufacturing-usa-annual-report.

［14］DELOITTE. Manufacturing USA：A Third-party Assessment of Program Design and Impact ［EB/OL］.（2017-01）［2025-02-18］. https：//www2. deloitte. com/us/en/pages/manufacturing/articles/manufacturing-usa-program-assessment. html.

［15］林雪萍, 贡霖, 王晓明. 美国国家制造创新模式探析 ［J］. 中国工业评论, 2017 (10)：32-41.

［16］张华胜. 美国国家制造业创新网络建设及管理模式 ［J］. 全球科技经济瞭望, 2019, 34 (01)：15-25.

［17］CLARK J, DOUSSARD M. Devolution, Disinvestment and Uneven Development：US Industrial Policy and Evolution of the National Network for Manufacturing Innovation ［J］. Cambridge Journal of Regions, Economy and Society, 2019, 12 (2)：251-270.

［18］GERSTEL D, GOODMAN M P. Western Europe：Industrial Policy by Other Means ［R/OL］//From Industrial Policy to Innovation Strategy：Lessons from Japan, Europe, and the United States. Center for Strategic and International Studies (CSIS), 2020：10-17 ［2025-02-18］. http：//www. jstor. org/stable/resrep26046. 6.

结　语

一、美欧贸易战对中国的镜鉴

20 世纪 90 年代以来，美国与欧盟两大经济体之间发生了多次较大的贸易冲突。这些争端涵盖多个领域，包括 1993—2009 年的"香蕉贸易战"、2004—2021 年的飞机补贴争端、2018—2021 年的钢铝关税摩擦、2019 年起持续至今的数字服务税争端，以及 2023 年由美国《通胀削减法案》引发的歧视性补贴争端。其中，对于前三项争端，双方选择在 WTO 框架内解决；而后续的两起争端，由于各种原因并未进入 WTO 的争端解决程序。并且随着时间的推移，美欧之间的贸易争端已从农业、飞机制造、钢铁等传统领域，逐步蔓延至数字技术、可再生能源等新兴产业。这些争端的爆发，既源于双方优势产业高度重叠所引发的利益冲突，也蕴含着双方对战略性产业主导权的激烈争夺。

那么，探究美欧贸易摩擦的历史与现状，对中国而言有何意义呢？当前，全球经贸格局正处于摩擦频发时期，各方之间存在诸多利益冲突。美欧双方在历次贸易战中的成败得失，可以为中国提供宝贵的经验和教训。首先，欧盟之所以能与美国长期缠斗、不分胜负，依靠的是其庞大的经济体量和市场规模。这一点对中国具有深刻的启示意义。眼下，中国的经济体量与美国相比尚存在一定差距。但是，如果中国经济能够实现高质量发展，这一差距将逐渐缩小，为中国赢得谈判桌上更多的主动权。此外，中国经济亟须转型。在复杂多变的地缘政治竞争和"逆全球化"的浪潮中，只有拓展国内消费市场、减少中国企业对美欧市场的依赖，才能进一步提升中国经济的韧性，并进一步增强中国在贸易谈判中的主动权。在这个问题上，20世纪90年代，欧洲国家致力于消除内部贸易壁垒、建立统一大市场的经验，可以为中国提供一定的借鉴。

其次，争取非西方国家的支持同样至关重要。这些国家不仅是经济上的合作伙伴，而且有可能成为国际政治中的盟友。在"香蕉贸易战"中，尽管欧盟屡次违反WTO的裁决，但却在国际舆论中获得了广泛的支持，这主要是因为其优惠贸易政策为众多第三世界国家带来了利益。近年来，欧盟加强了与其他国家建立合作关系。截至2025年初，欧盟已与76个国家签订了自由贸易协定，与这些国家的贸易额接近欧盟对外贸易总额的一半。2024年12月6日，经过超过20年的持续谈判，欧盟与南方共同市场终于签订了自由贸易协定。此举预计将打造出一个覆盖7.5亿人口的大型自由贸易区，这进一步巩固了欧盟在全球贸易网络中的地位。这些自由贸易协定不仅能够将欧盟的市场影响力扩展至其边界之外，也为欧盟对外传播其制度和"价值观"创造了新的途径。

欧盟的策略同样适用于中国。近年来，中国在团结广大发展中国家（地区）的道路上已经取得了显著成就。2013年提出的"一带一路"倡议成果丰硕，迄今为止已有150余个共建国家（地区）和30多个国际组织签署了合作文件，同时多个重大项目顺利竣工，已成为"一带一路"的名片。此外，在中国和其他发展中国家（地区）的共同倡导下成立的多边发展机构，如亚洲基础设施投资银行和金砖国家合作机制，也吸引了越来越多的国家（地区）参与。作为一个成功的发展中经济体，中国的发展模式对非西方国家（地区）有着巨大的吸引力。中国应充分利用这一优势，积极与非西方国家（地区）建立联系，以扩大自身在国际规则制定中的话语权。自2024年12月1日，中国对全球最不发达的33个国家实施零关税，这就是一个具有深远意义的举措。

最后，中国要针对美欧在贸易冲突中使用过的一些"套路"做好防备。根据路径依赖理论，一种策略如果曾经获得过成功，那么其实施者几乎一定会在未来故技重施。比如，美国曾用强硬的手段压倒了日本，那么当它与中国发生贸易冲突时，势必会使出同样的手段；欧盟曾经靠拖延、反击等策略抵挡了美国的进攻，那么当它面对与中国的贸易摩擦时，很可能会使出同样的招数。提前做好应对这些策略的预案，可以打乱对手的节奏，为己方赢得先机。

除了应对这些明面上的策略，中国还须警惕一些台面下的手段。例如，美国惯于利用国家机器的力量来扼杀别国的重要企业，给这些国家的战略性产业造成了无法估量的伤害。日本的东芝、法国的阿尔斯通以及中国的华为都曾遭受美国政府的"黑手"。未来，中国需要从增强自主创新能力、立法反击外国政府干预、参与国际规则制定等方面，增强自身的战略防御能力，更好地应对潜在的经济安全挑战，维护国家的长远利益。

我们必须认识到，贸易战仅是国家间竞争的冰山一角，而"多维战争"的现象值得我们高度警惕。过往案例表明，美国在发起贸易战的同时，还可能挑起区域性的军事冲突，并借此发动金融战和货币战，以达到削弱对手、维护自身霸权的目的。例如，在1999年欧元正式推出之际，美国主导下的北约对南联盟发动了空袭，导致大量资本逃离欧元区，对欧元的汇率稳定性和国际货币地位造成了沉重打击。当下，中国正积极推动人民币国际化，这虽然有助于扩大中国的国际影响力，但也可能使中国经济面临更大的外部风险。对此，中国有必要汲取欧元的教训，采取有效措施增强人民币和经济的抗风险能力。

二、国际贸易格局变化下中国的"突围"路径

2024年10月23日，美国国家安全事务助理沙利文在布鲁金斯学会发表了一场引人瞩目的演讲。在这场演讲中，他明确摒弃了过去40年来引领全球化进程的新自由主义理念，转而推崇一种植根于地缘政治考量的"新华盛顿共识"。这一言论犹如一枚"震撼弹"，在全球政治界与学术界掀起了轩然大波。

新自由主义作为一种政治经济哲学，其核心在于反对政府对经济的过度干预，主张通过市场机制实现资源的优化配置。20世纪80年代以来，新自由主

义的盛行为全球化提供了重要的理论支撑，促进了国际贸易、投资及金融的自由化，加速了资本、商品、技术和人员的全球流动，构建了一个更加紧密相连的世界经济体系。

然而，自2017年以来，全球政治经济格局经历了深刻变化，全球化进程遭遇逆流。而曾经拜登政府通过的《通胀削减法案》和《芯片与科学法案》，大肆推行以邻为壑的产业政策，给了早已式微的新自由主义沉重的一击。在沙利文发表演讲之后，有人甚至悲观地认为，风靡全球40年的新自由主义，就此宣告死亡。

面对这种错综复杂的国际形势，中国应如何"突围"？笔者认为，必须坚持对外开放的基本国策不动摇，这是推动中国经济持续健康发展的根本动力。但是，必须清醒地认识到，世界已经发生了深刻的变化，过去那种繁荣稳定的国际环境可能难以再现，中国将面临更多来自外部的风险和挑战。因此，中国需要更加积极地应对外部变化，同时加强内部改革，提升战略自主性，为中国和世界人民撑起一片安全、稳定的发展空间。

在具体实施层面，有两个问题值得重点关注：一个是非传统型的产业政策。近年来，西方政界和学界对产业政策的认识有了很大的变化，从关税到补贴再到公私合作，西方国家政府实施产业政策的方式正在悄然发生改变。中国虽然拥有多次成功实施产业政策的经验，但在创新政策这一细分领域仍需向发达国家学习。作为第四次技术革命的"领头羊"，美国已经构建了多种有效的创新促进机制，并在实践中不断推陈出新。例如，美国在2014年成立了国家制造业创新网络，旨在围绕先进制造技术打造政府、产业和学术界的合作研发联盟，据称已经取得了多项成果。面对这类国际产业政策的新趋势，中国有必要保持关注。正如古语所言，"他山之石，可以攻玉"，通过学习国外的先进经验，可以提升自身的政策水平，并推动中国的产业转型升级和新质生产力的培育，确保中国在全球竞争中立于不败之地。

另一个值得重视的议题是人工智能。近年来，人工智能技术实现了革命性的进步，不仅为全球经济注入了新的活力，也为全球社会和政治领域带来了前所未有的风险与挑战。美国为了遏制新兴国家人工智能产业的发展，采取了一系列技术封锁措施。欧盟则出于对"数字主权"的保护，通过了严苛的《人

工智能法案》，同时加大了对相关产业的支持力度，旨在培养人工智能领域的
"欧洲冠军"。这些举措标志着，一段时间以来在国际贸易谈判中占据核心地
位的数字贸易自由化进程正在经历重大转折。面对这一由技术变革引发的国际
贸易规则之变，中国亟须重新审视自身的利益与立场，并着手构建适应人工智
能时代需求的数字贸易政策，以应对未来可能出现的机遇与挑战。